实践篇

〔美〕罗伯特·清崎　〔美〕莎伦·莱希特　著

萧明 译

四川人民出版社

readers-club

**北京读书人文化艺术有限公司**
www.readers.com.cn
出　品

## 致中国读者的一封信

亲爱的中国读者：

你们好！

今年是《富爸爸穷爸爸》在美国出版20周年，其在中国上市也已经整整17年了。我非常高兴地从我的中国伙伴——北京读书人文化艺术有限公司（他们在这些年里收到了很多读者来信）那里了解到，你们中的很多人因为读了这本书而认识到财商的重要性，从而努力提高自己的财商，最终同我一样获得了财务自由。

我很骄傲我的书能够让你们获益。20年后的今天，世界又处在变革的十字路口。全球经济形势日益复杂，不断涌现的"黑天鹅事件"加剧了世界发展的不确定性，人们对未来充满迷茫，悲观主义情绪正在蔓延。

而对于你们，富爸爸广大的中国读者来说，除了受世界经济的影响，还要面对国内经济转型的阵痛，这个过程艰苦而漫长。当然，为了成就这种时代的美好，你必须坚持正确的选择，拥有前进的智慧和勇气。这就需要你努力学习。

最后，我还是要说，任何人都能成功，只要你选择这么做！

罗伯特·清崎

富人教他们的孩子财商，
而穷人和中产阶级从不这样做。

——〔美〕罗伯特·清崎

# 出版人的话

转眼间,"富爸爸"问世已20余年,与中国读者相伴也已近20年。在中国经济和社会蓬勃发展的20年间,"富爸爸"系列丛书的出版影响了千千万万的中国读者,有超过1000万的读者认识了富爸爸、了解了财商。在"富爸爸"的忠实读者中,既有在餐厅打工的服务员,也有执教讲堂的大学教授;既有满怀创业梦想的年轻人,也有安享晚年的退休人士。"富爸爸"的读者群体之广、之大,是我们不曾预料到的。

作为一套在中国风靡大江南北、引领国人创业创富的财商智慧丛书,"富爸爸"系列伴随和见证了千万读者的创富经历和成长历程,他们通过学习财商,已然成为中国的"富爸爸",这也是我们修订此书的动力。20年来,"富爸爸"系列也在不断地增加新的"家族成员",新书的内容也越来越贴合当下经济的快速发展以及国内风起云涌的经济大潮,我们也在十几年的财商教育过程中摸索出了一套适合国内大众群体的"MBW"财商理论体系,即从创富动机、创富行为习惯、创富路径三方面培养学员的财商,增强大家和财富打交道的积极意识,提高抗风险的能力。

曾有一位来自深圳的学员告诉我,他当年就是因为读了《富爸爸穷爸爸》一书,并通过系统的财商训练,才在事业上取得了巨大的成功。难能可贵的是,成功后的他并没有独享财富,而是将自己致富的秘诀——"富爸爸"财商理念分享给了更多想要创业、想要致富、想要成功的人。

在"富爸爸"的忠实读者群中，类似的成功故事还有很多很多。在"富爸爸"的影响下，每一位创富的读者都非常乐意向更多的朋友传授自己从财商训练中获得的成功经验。

值此"富爸爸"20周年之际，作者的最新修订版再次契合了时代的发展、读者的需要。在经济金融全球化的发展与危机中，作者总结过去、现在和未来财富的变化与趋势，并重温了富爸爸那些简洁有力的财商智慧，在中华民族伟大复兴的新时代，"富爸爸"系列丛书将结合财商教育培训，为读者带来提高财商的具体办法，以及在中国具体环境下的MBW创富实践理论。丛书的出品方北京读书人文化艺术有限公司将从图书、现金流游戏、财商课程等多角度多方面，打造出一个立体的"富爸爸"，不仅要从财商理念上引导中国读者，更要在实践中帮助中国读者真正实现财务自由。读者和创业者可以通过关注读书人俱乐部微信公众号，来了解更多有关"富爸爸"系列丛书和财商学习的信息。

正如富爸爸在书中所说，世界变了，金钱游戏的规则也变了。对于读者和创富者来说，也要应时而变，理解金钱的语言、学会金钱的规则。只有这样，你才能玩转金钱游戏，实现财务自由。

汤小明

读书人俱乐部

# 目 录

1 序
5 前言

## 第一部分　这就是游戏规则

14　第1章　有关钱的事
32　第2章　我们只关心自己的事情
42　第3章　亡羊补牢，犹未晚矣

## 第二部分　你曾经怎样，就能怎样

51　第4章　通过投资树立自信心
61　第5章　别具一格的教育
81　第6章　该出手时就出手
94　第7章　金钱是善的根源

## 第三部分　换一个角度

114　第8章　胜过彩票中奖
125　第9章　共同的决定

| 135 | 第 10 章 | 一个篱笆三个桩 |
| 158 | 第 11 章 | 转变观念 |

## 第四部分　大器早成

| 172 | 第 12 章 | 英雄出少年 |
| 174 | 第 13 章 | 志在必得 |
| 181 | 第 14 章 | 我们喜欢教人理财 |

## 第五部分　另辟蹊径

| 200 | 第 15 章 | 让金钱为我们工作 |
| 206 | 第 16 章 | 全新的策略 |
| 212 | 第 17 章 | 才思敏捷 |
| 220 | 第 18 章 | 成功无极限 |

## 第六部分　改变命运的事件

| 230 | 第 19 章 | 天外有天 |
| 243 | 第 20 章 | 屡试不爽 |
| 249 | 第 21 章 | 退休在即 |
| 258 | 第 22 章 | 东山再起 |

# 序
# 和富爸爸一起采取行动

在《富爸爸财务自由之路》一书中，我们介绍了神奇的现金流象限，把人们按照财务状况分成了4类。

上图就是现金流象限图，左侧象限的 E 和 S 分别代表雇员、自由职业者或者小企业主。其典型特征是，雇员追求的是工作的稳定和保障；而自由职业者或者小企业主则最终自己做老板。他们的事业越成功就越忙碌，也就在自己的工作中越陷越深、不能自拔。传统的学校教育致力于把学生培养成左侧象限的人。这类人的生活就像在"老鼠赛跑"。①

右侧象限的B和I则分别代表企业主和投资人。企业主雇用别人为自己工作，并制定维持企业运转的各种制度。因此，他们的企业可以独立运作。而投资人则想方设法让金钱为自己工作。总的来说，在现金流象限中，处于右侧的这两种人拥有财务自由。右侧也通常被人们称为实现财务自由的"快车道"。

本书收录了一些成功实践了"富爸爸"理论的人的故事，他们都有一个共同的目标：获得财务自由。他们都竭尽全力进入右侧象限。在我们与他们的交谈中，所有人都表示希望从左侧进入右侧。没有一个人反其道而行之。因为他们都意识到，从左侧进入右侧，才是实现财务自由的正确途径。

富爸爸告诉我们，在现金流象限的右侧，你的金钱在为你工作。许多"富爸爸"理论的成功实践者都告诉我们，他们一边受雇于人或者做小本买卖，一边又是某企业的企业主或者正在投资房地产，这样来努力从左侧进入右侧。他们的目标是赚到足够的钱，然后才能辞掉目前的工作或者放弃小本生意，成为完完全全的企业主或者投资人。

他们的经历向我们展示了两个象限的人之间的区别：一些人完全靠别人给发工资，另外一些人则把"钱途"完全掌握在自己手里。他们不但会与大家分享自己面对种种困难时的恐惧，还将分享自己克服那些困难的方法。正如富爸爸所说的，他们找到了最适合自己的成功之路。

为了获得财务自由，这些勇敢的实践者要么购买企业自己经营，要么进行房地产投资，还有人双管齐下。那些本来就是企业主的人，

---

① "老鼠赛跑"比喻都市生活中盲目追求名利，或彼此在工作中急功近利、你争我夺的丑态。

则借鉴富爸爸的经验与智慧，把自己的企业经营得更加红火、兴旺。

在此之前，他们中间没有一个人是财务专家。有的人是名牌大学的高才生，有的人只是高中毕业，还有极少数人仍在上学。他们的教育程度无关紧要。关键在于，他们都认识到了积聚资产的重要性，明白了良性债务与不良债务之间的区别。无论他们的个人背景如何，无论他们生活在哪个国家，也无论他们靠什么起家，他们都学到了现金流方面的精髓，牢牢地掌握了自己的"钱途"，实现了财务自由。他们中的一些人已经摆脱了"老鼠赛跑"式的生活，在右侧象限，也就是"快车道"上幸福地生活着。如果你和书中的那些人一样，借助富爸爸的经验与智慧获得了经济上的成功，欢迎你把自己的故事传到我们的网页 www.richdad.com 上与大家分享，从而使更多的人从你的经历中获得启发。

## 你也能掌握自己的"钱途"

如果你发自内心地感觉到，受雇于人或者做小本买卖无法带给你财务自由，你完全可以选择另外一种生活方式。如果你的投资已经没有价值，如果你已经厌倦了那些陈词滥调的财务建议，如果你担心自己要无休止地工作下去，永远无法退休，或者，如果你只是想多花些时间陪陪家人，你完全可以重新寻找通向财务自由的道路。这本书里讲述的都是这样的故事：在富爸爸所传授的经验与智慧启发之下，找到适合自己的财务自由之路。

相信你也能写出自己独一无二的富爸爸成功故事。

祝福你们，愿你们都能找到适合自己的财务自由之路！

莎伦·莱希特

# 前　言

我之所以喜欢本书，原因主要有以下几点：

1. **本书讲述的这些人都采取了行动，而且成就非凡。**几个星期之前，在亚利桑那州的凤凰城①（我和妻子现居于此），我在当地电视台录制节目。在节目中，我和一位《富爸爸穷爸爸》的读者一起接受了采访。那位读者说，她本来非常喜爱《富爸爸穷爸爸》这本书，但是读完后觉得完全是浪费时间。当着我和成千上万的电视观众的面，她抱怨说："那本书并没有告诉我接下来应该怎么做。"我无法作出回应，因为我当时非常生气。我只是强作笑容，默默地点了点头。

"那么，她究竟应该怎么做呢？"主持人问我。

"她应该再找一本书，一本能告诉她怎么做的书。"我无奈地说。

我最痛恨的一种人，就是毫无主见、唯命是从的人。当我还是孩子的时候，我就注意到，我有一些同学在学校里表现得非常好，老师怎么说他们就怎么做。这些学生通常被称做老师的宠儿。而我则恰恰相反，我总是做那些老师没有交代的事情，或者老师不许做

---

① 亚利桑那州的首府和最大的城市，位于该州的中南部地区、图森西北部，以冬季的美丽景色而闻名，是著名的疗养胜地。

的事情……因此，我总是麻烦不断。所以，从很小的时候我就知道，我讨厌别人叫我做这做那。正是由于这个原因，在我自己的书中，我才总是尽量避免去告诫别人应该怎么做。

在书店和图书馆中，告诉别人应该"怎么做"的书比比皆是。对于那些一贯墨守成规的人来说，这样的书最合适不过了。但是，"富爸爸"系列图书不属此类。这些书的目的在于传播富爸爸在财务方面的智慧与教导，它讲述了我本人在实践中不断尝试、不断犯错的道路，结合富爸爸的智慧，从我屡败屡战的经历中总结出教训。我从没有期待任何人遵循我的道路。我只是把自己学到的东西与广大读者分享，并鼓励他们找到最适合自己的道路。

我们撰写"富爸爸"系列图书的初衷在于帮助读者挖掘自身的潜力，而不是把它们变成关于如何致富的、放之四海而皆准的秘籍。很多年以前，我的富爸爸曾给我解释过，在这个世界上，致富的方法不计其数，如何找到最适合我的致富办法则完全取决于我自己。因此，我并没有追寻富爸爸的致富脚步、运用他的那些成功经验，相反，我汲取了他的智慧，并在他的指导下找到了最适合自己的道路。本书也讲述了许多这样的故事：人们以富爸爸的经验和智慧为借鉴，最终找到最适合自己的道路，并获得了财务上的成功。他们并不是呆坐着，等待某个人来告诉他们下一步应该怎么做。

在当今这个世界上有数百万的人，工作毫无前途可言，却依然兢兢业业；他们也拿出钱来进行投资，结果这些钱却像打了水漂，有去无回；许多人意识到自己可能永远无法退休，但是仍徒劳地等待有人能够伸手把他们拉出财务泥潭。这些人可能会去书店或者图书馆找一本能告诉他们"怎么做"、能手把手地为他们指点迷津的书，找到出路。本书中的这些人不需要这样的书。相反，他们已经写下了自己"怎么做"的故事，讲述他们如何找到财务成功的道路。

2. 本书讲述的这些人都在财务上获得了巨大的成功，而与此同时，数百万的人却损失了不计其数的金钱。《富爸爸穷爸爸》一书是1997年4月第一次出版的。有些读者可能还记得，那个时候互联网经济非常狂热、充满了泡沫。许多人以前从来不投资，可那时却把自己辛辛苦苦赚来的钱大把大把地拿出来，投资于共同基金①，甚至还有首次公开发行股票（IPO）。而这种首次公开发行的股票，通常只是那些富人和金融大鳄的投资工具。

在1997年~2003年的推广财务知识教育的过程中，我总是警告那些投资者，股票市场变幻莫测，共同基金充满风险。有好几次，我都因为指出了共同基金和股票市场存在风险，而受到财经评论家的猛烈抨击。有一次，他们甚至要将我赶出某个投资项目。好几份财经杂志和报纸甚至公开批评我的书和"富爸爸"理论。事实上，还有好几份刊物刊登了不实报道，试图让我名誉扫地，并贬低"富爸爸"理论。但是，从2003年开始，以前曾经攻击过我的那些财经评论家们也开始认识到，"富爸爸"理论的确有很大价值。

今天，数百万的人损失了不计其数的金钱，这时能够读到这样一本关于人们在金融极度动荡的时代获得财务成功的书，的确是一件令人高兴的事情。我也相信，同样是在这一时期，许多人，包括那些财经评论家在内，都希望自己当初听从了"富爸爸"的建议，而不是盲从他们的财务顾问。

3. 富爸爸的经验和智慧的确卓有成效。直到现在，我还听到有些人说："我在等待股市复苏。"我还看到这样一些财务顾问，他们在股市崩溃之前就为人们提供拙劣的建议，股市崩溃之后依然兜售

---

① 一种投资方式，运作共同基金的公司会从委托人那里筹集资金并代表他们的利益进行有预设目的的投资。

同样的建议。他们还在喋喋不休："要长线投资，要多样化投资，要买进并持有。"他们还说："股票市值平均每年增长大约9%。"可悲的是，依然有成千上万的投资者执迷不悟，对这些建议深信不疑，即使已经有无数证据表明，这些建议压根儿不起作用。那些投资者怎么能一而再、再而三地轻信这些建议呢？更让我感到不解的是，那些财务顾问怎么能靠这些拙劣的建议而获得不菲的报酬呢？在本书中，故事的主角都能掌握自己的财务状况，并对自己的财商教育和财务未来负起责任。富爸爸经常说："很多人之所以在财务上一团糟，原因在于他们没有听从富人的建议，而是轻信了那些理财产品销售员的游说。"

## 我喜欢本书的真正原因

本书讲述的全部是真人真事，是现实生活中人们运用富爸爸的经验获得财务成功的故事。在上述我喜欢本书的3个原因之中，第一个原因尤为重要。

因为这些人都采取了行动。我们的第一本书《富爸爸穷爸爸》是以"采取行动"结尾的，而这些人的确照书中的建议去做了。他们不畏风险，更重要的是，他们对自己的财务状况和财务前景负责。他们并不是简单地把自己的钱交给某个大型的金融机构，然后期待和祈祷这一机构能以他们的最高利益为重。迄今为止，还有千千万万的人在这么做。

我们正在进入一个金融极度混乱、极度不稳定的时期。我们面临的金融风暴将考验我们每一个人……包括我自己在内。本书故事的主角慷慨地与广大读者分享了他们的成功经验，他们已经做好准备，能够更好地应对未来的金融风暴。我感到最高兴的是，他们采取了行动，坚持不懈地学习，获得了宝贵的经验和智慧，并最终获得了财务上的成功,因此,他们能够更好地迎接未来的挑战。对于今天就着手准备的那些人来说,前途将会一片光明。不幸的是,对于那些只是坐等昔日美好时光能够重来的人,前景是非常暗淡的。

罗伯特·清崎

# 第一部分
# 这就是游戏规则

如果你想在财务上拥有安全感,就要先学会玩金钱的游戏。我是从富爸爸那里学会如何玩金钱游戏的。受富爸爸的启发,我发明了"现金流"游戏①。这个游戏能通过反复的、有趣的实践,教给你各种财务方面的技巧。这个游戏独一无二,因而已经获得了专利。对你而言,它既是一项挑战,又能让你从中学到很多知识。不仅如此,它还会引导你像富人那样去思考问题。在这一部分,故事的主人公们讲述了自己在财务上取得成功的经历,并把这些成就都归功于"现金流"游戏。

他们发现,其他的游戏只有一种获胜的方法,而且只能在规定的游戏时间里玩,"现金流"游戏则完全不同,它在游戏结束很长时间之后还能给人以启示。他们每次玩这个游戏,都能提高自己在财务方面的各种技能,还能不断增强自信心。他们告诉我,游戏中的这些小卡片给他们带来了投资上的灵感。在每一次的游戏中,这些小卡片不但为他们提供了不同的选择,还为他们提供了能产生现金流的投资信息。

---

① 罗伯特·清崎发明的一套寓教于乐的教育游戏,可帮助玩家开发财商。该游戏可供2~6人一起参与。

对于住在加利福尼亚州的埃德·科尔曼和特丽·科尔曼而言,激发他们灵感的卡片是房地产。他们通往财务自由的旅程一定能引起很多人的共鸣。如果你像他们一样经历过20世纪60年代,你可能也会受到嬉皮士[1]的影响,拒绝把经济上的成功作为自己追求的目标。事实上,嬉皮士的生活目标恰恰是截然相反的:自由自在地生活,把金钱抛在脑后,我行我素。关注未来被人们认为是在浪费时间。

埃德和特丽对自己过去所持的金钱观非常坦诚。像他们那个年代的很多人一样,他们深受时代气息的感染,对与金钱有关的事情嗤之以鼻。他们总是赚多少就花多少,从来没有考虑过未来会怎么样。(至少在他们的儿子杰克出生之前从来没有考虑过,本书后面也会讲述杰克的故事。)

当他们意识到自己需要制订一个财务计划之后,他们尝试了各种不同的方法。有的奏效了,有的却无济于事。但是,他们并没有因此而气馁。他们依然不断地学习,因为,他们想找到一条实现财务自由的道路。最终,他们发现,进行房地产投资可以为他们提供实现目标的机会。在本书中,你将看到他们都做了些什么,是怎么做的,以及如何一点一点地变得越来越成功。

如果你出生在婴儿潮[2]时期,对财务方面的事务很生疏,并且认为开始新的财务规划为时已晚,那你一定要读一读科尔曼夫妇的故事。在创造财富方面,更新自己的观念永远都不嫌晚——尤其是当你已经找到创造财富的方法之后。

但是,如果你现在已经步入而立之年,而且负债累累,为自己

---

[1] 20世纪60年代西方国家产生的颓废派,他们因对社会不满而表现得消极颓废,主张非暴力和群居。

[2] 指从1947~1961年第二次世界大战后美国的出生率大幅度增长的一段时期。

能否实现财务自由担忧不已，那么，你应该读一读特蕾西·罗德里格斯的故事。像诸多被迫宣布破产的人一样，特蕾西和她的丈夫当时的处境非常困难。尽管他们工作非常努力，却还是要面对经济上的窘境。对他们而言，要想实现财务自由就必须拥有自己的企业，这也正是"现金流"游戏给予他们的启示。

也许你现在已经年届五旬，认为书中讲述的投资方式已经不再适合自己。我曾听到这个年龄段的人说过这样一些丧气的话，"对我来说已经太晚了"，"我太累了，干不了这个"，或者"我年纪大了，接受不了这种新观念"。如果你也是这么想的，那么，你应该读一读塞西莉亚·莫里森的故事，听一听她是如何看待这个问题的。对塞西莉亚和她的丈夫乔治来说，即使退了休也同样有稳定的收入，因为"现金流"游戏激励她进行了新的投资。

埃德和特丽，以及特蕾西和塞西莉亚掌控自己财务命运的故事，都是如何面对现实、如何进行抉择的范例。他们已经作出的决定，以及将要作出的决定，都令人感到振奋。在人生这场游戏中，他们都实现了财务上的成功，因而都是赢家。

# 第1章
# 有关钱的事

埃德·科尔曼　特丽·科尔曼
加利福尼亚州，威尼斯市

如果有一部电影，讲述了20世纪60年代的自由主义者在21世纪变成了房屋租赁者，大家一定会认为这只是杜撰出来的好莱坞故事。但是，这确有其事。3年以前，我和特丽开始进行房地产投资。现在，我们在3个州拥有8处房产，其价值超过100万美元。

事实上，我们转变观念，从事投资活动，从而摆脱财务困境的过程，也是我们同时代的很多人都经历过的。

## 镜头一

在进行房地产投资之前，我们的经济状况没有任何令人惊讶之处。在我家里从来不会讨论有关钱的话题，因此，有关财务方面的知识我一点都不了解，更不用说接受什么理财方面的培训了。我的父母认为，在金钱方面，我没有一点儿责任感，只要手里一有钱，就马上挥霍一空。相反，我的妹妹——那个"有责任感的人"——总是把钱存起来。

人们普遍认为，教育总是有百益而无一害的。当然，并没有人来告诉我，我需要接受良好的教育，它会让我获得一份稳定的工作——因为这就是我的生活。为了成为一个健全的人，人们需要接受教育。我的妹妹完成了大学学业；而我，在安提克大学念了3年之后就离开了学校。

我是在洛杉矶长大的，在那个时候，特丽则生活在遥远的纽约。像我一样，她也只在加利福尼亚读了两年大学。我们在1980年相遇，1987年结婚，我们都深受20世纪六七十年代的嬉皮文化的影响。

我们两人都坚信，金钱是"肮脏的资本家猪猡"的货币，因此，我们并不看重金钱。许多和我们同时代的人都对金钱持鄙视的态度。在我们看来，挣了钱就花掉是再自然不过的事情，我们从来就没有想过要攒大笔的钱。"性自由"是我们那一代人的信条。我们对理财一无所知，也根本不想去学。

15年前，我们都从事电影工作。那时我们正值而立之年，我担任助理摄影师，进入这一行纯属偶然。我父亲是一名自由职业的摄影师兼导演，他问我想不想试试这一行。我当时的想法是，我的专业就是平面艺术及摄影，再加上当时我也没有什么正式工作，于是我说当然愿意。我并不认为这是一个特殊的机会，或者是理想事业的起点。对我而言，工作仅仅意味着赚钱。

一天，特丽来到我工作的地方，她发现化妆师的工作对一部电影来说功不可没。这份工作深深地吸引了她，于是，她成了化妆师兼手部模特儿。

由于工作需要，我们得参加很多商务活动。因此，旅行和住宾馆成了家常便饭，生活看起来丰富多彩、十分风光。当然，我们必须马不停蹄地工作。有时候，我们一天要工作15个小时，一个月有10天甚至20天都处在这样的工作状态中。不过，剩下的时间就都属于我们自己了。我们想去海边就去海边，想打网球就打网球。总而言之，消费就是我们的目标。我们尽情享受着生活的每一分钟。

表面上看起来，这种生活方式"自由自在"，不受任何约束，简直酷极了。但是，14年前，儿子杰克的降生改变了这一切。他的到来使我们从美梦中惊醒过来。我们从来没有为将来打算过，也不知道以后的生活会变成什么样子——更不知道我们的儿子将面临什么样的生活——也就是说，10年或者20年以后会怎么样，我们几乎没什么概念。我们的信用卡债务超过1万美元，而存折里只有不到500美元的存款。我们没有生活目标，没有财产，也没有任何投资，面对当时的窘境，我们一筹莫展，无计可施。"现在我们该怎么办？"我们这么问自己。

后来，特丽留在家里带孩子，我则继续工作。不幸的是，我的工作日程安排得糟糕透了。有时候，我要离家工作几个星期之久。杰克稍大一些的时候，只要我不在家他就会问："爸爸去哪儿了？"听到他这么问，我们都会感到万分沮丧。但是，我不能离开电影业。因为我只会干这个，我无法想象除了这一行还能干什么——即使有人愿意雇用我。我们知道我们必须改变现状，但是，从哪里开始呢？

我们该长大了。

## 镜头二

现在让我回顾一下当时的情景吧。1992年，我和特丽决定改变我们的经济状况，我们都想尝试一些不同的东西。当时，我们住在加利福尼亚。在一个晴朗的早晨，我带着杰克去公园里玩，推着他荡秋千。很巧，旁边还有一位父亲也在推着他的儿子荡秋千。这一天已经显得有点不同寻常了——两个父亲在工作日带着自己的儿子在公园里玩，的确比较少见。

于是，我们聊了起来。那个男人告诉我他在安利公司工作，那是一家从事网络营销业的公司。他主要负责夏威夷地区的销售，那是一个我和特丽都非常喜欢的地方。特丽见到此人并得知他的夏威夷背景之后，显得非常兴奋。我们可以借此重返夏威夷。不过，我们后来做的远远不止这些。

之后，我们开始创建自己的营销网络。但是，我们发展的下一级销售代表并不多，也就是说，没有吸引更多的人加入我们的行列。但是，这份工作的确使我们获益匪浅。我们准备从事这一行业，也从中学会了如何做生意。在这个过程中，我们参加了很多研讨班，接受了各种培训和指导，学习如何提交计划；我们还阅读了大量关于个人发展和获得成功的书籍，这一切为我们提供了极好的学习资源，促进了我们的个人成长。我们开始广泛结交成功人士，不断向他们学习。在结交那些与我们分享其智慧的百万富翁的过程中，我们的头脑被解放了，它抛弃了以前狭隘的理财观念。我们学会了如何使用金钱，并了解了金钱世界是如何运作的，这让我们的视野更加开阔。

培训班上为我们推荐的书目尤其重要。《巴比伦最富有的人》一书让我们了解自己对待金钱的态度。在读完那本书两年之后，我们还清了信用卡债务，我们的存折上也有了几千美元的存款。《如何赢得朋友并影响他人》是另一本对我们来说非常重要的书，它使我们获得了一种与人交往的有力工具。

在正确的时间出现在正确的地点——在我们的例子中，指的就是公园里的秋千架——从而让我们进一步接受了商业培训。现在，我们已经从商业培训的第一期圆满毕业了。那么，下一步我们应该做些什么呢？

## 镜头三

6年以前,我成立了一个服务公司,开始了小本经营。我们和其他6个独立的承包商一起,为商业公司提供服务,我们的主要业务是把电影制成录像带。起初,我有一个合作伙伴。在2000年春天,我买下了他的所有股份,独自经营。由于缺乏资金投入,在最初的4年里,我们只能在家中的一间小卧室里工作。只需一台电脑、一部传真机、一部手机和一个传呼机,我们就能投入运作。我们非常清楚,必须最大限度地降低管理费用。有人24小时为我们处理各种电话,我们对这样的"虚拟"办公室非常满意——我们雇了一个人专门负责接电话,先报上我们公司的名字,然后把对方的信息记录下来,之后再给我打传呼。接到传呼,我会立即给对方回电话。

我全权负责这里的一切事情:从销售、开账单到制定日程表,从培训到邮寄节日卡片。除此之外,生产监督的大量工作也是由我负责的。这一切都让我筋疲力尽。

几年之前,我们雇了一个兼职的办公室职员,专门负责处理各种日常事务,如开账单、录入数据等。但是,即使有助手的详细记录、专门监督,每天还是有很多事情需要我来定夺,如日程安排、人事管理、财务状况,等等。我听到的最多的话就是:"你希望我怎么处理……"

那个时候,我们搭上了互联网经济的快车,从中获取了一些广告收益。我们经营得不错,同时我们还发现,当时的股市呈现出一片繁荣的景象。于是,我们认为应该把握这个机会,在股市上一显身手。

## 镜头四

我的祖父母去世之后，给我留下了几千美元的遗产，我们用这笔钱投资了共同基金。5年以前，我们觉得自己已经掌握了自己的"钱途"，于是，就把共同基金转为股票投资。

在我们"投资"的前两年，我们的运气好极了：无论我们怎么操作，无论买入哪只股票，获得的收益都相当丰厚。有一次，我们的投资增长了30个百分点。在3年里，我们的投资总额达到了8万美元，其中包括5个人的退休金账户。经过一些初步的分析，我们认为，这是由于我们选择了一些实力雄厚、值得信赖的公司的股票，如美国电话电报公司、戴尔电脑公司、通用电气、杜邦公司、柯达、通用汽车、伯克希尔·哈撒韦公司、微软、朗讯、世界电信公司，以及其他一些风险较小的股票。

初战告捷让我颇为得意，因此，我没有对自己投资的股票给予足够的关注，而且对这些公司传达给我的财务信息也未加留意。我缺乏在股票市场进行安全投资的必要知识——比如说，缺乏跟踪止损系统。所谓止损系统，就是当一种股票跌至某一价格时，这一系统就会自动将其抛出。由于没有顾问为我们提供正确的信息和对股票市场深刻的分析，我们把自身和财产都放到了一个极为危险的境地中。

2000年，股票市场已经呈现出崩溃的迹象，我却浑然不觉。几个月之后，当我再次关注我们的投资的时候，它已经下跌了30%～40%。但是，我依然没有采取任何措施，因为我在期待股票市场的复苏。我没有认真做准备，依然执迷于"长线投资""买入并持有"的心态。这是一个严重的错误。

那个时候，我们持有的所有股票总价值为4.6万美元，也就是说,我们损失了将近一半。这段经历给了我们沉痛的教训。要想在投资上获得成功,就必须获得及时、准确的信息,并时刻关注投资的状况。另外,聘请一位值得信赖的投资顾问也非常重要。

这再次应验了那句古老的谚语:只要学生准备好了,老师自然就会出现。

4年之前,我们去拜访一位朋友。在他家厨房的餐桌上,我发现了《富爸爸穷爸爸》这本书。我承认,当时我对这本书并没有太在意。不过,特丽却被它吸引住了。后来,她也买了一本,于是,我们开始看这本书。

3年之前,我们玩了"现金流"游戏之后,我和特丽参加了美国退役军人管理局组织的一个研讨会,内容跟丧失抵押品赎取权的房产[①]有关。有许多经纪人和代理人参加了研讨会,以帮助与会者购买这些房产。所有待售房产的面积都很小。在经历了股票投资上的打击之后,我们觉得那些房子就像"现金流"游戏中点数很小的牌一样。我们说:"嗨,这是一张小牌。我们已经在家里玩了好几个月游戏,为什么不动点儿真格的呢?"

## 我们的游戏过程

运用我们从研讨会上获得的信息,我们开始在因特网上搜索合适的房产。退役军人管理局提供的那些抵押品均需要投标,由出价最高者获得。与此同时,还需要一个预先确定的按揭利率。这些贷款都是按照常规的30年期固定利率,因此很容易获得贷款资格。我们最初购买房产的时候,贷款利率是8%,一段时间之后,这个利率

---

① 向银行贷款买房时用房产作抵押,如果到期还不完钱就意味着要丧失抵押品(房产)的赎取权,房产即归银行所有。

就降到了 6%。

起初，我们的投资主要集中在南佛罗里达州和凤凰城，因为这样我们可以很方便地与圣卢西亚港和凤凰城的房地产代理人联系，前者是棕榈滩[①]市郊的一个社区。我们选择这两个州的理由是：我们只对投入现金最少的投资感兴趣，而这两个州恰恰符合我们的条件。（在退役军人管理局的这个项目中，每个州的情况稍有不同。举例来说，在佛罗里达州，要购买一处房产，退役军人管理局要求预付 1000 美元现金；而在亚利桑那州，预付的数额是投标价格的 5%。）

之后，凤凰城的房地产代理商给我们寄来了一包又一包的房产资料，包括照片、购买房产所需各种费用的明细、建议报价、管理费用、各种花销、各种税费、保险金额、预计的维修费用，以及所需现金总数。

而佛罗里达的房地产代理商则在因特网上公布了他们掌握的房地产信息。

我们着重研究了几处房产的资料，并对房地产代理商提供给我们的房产进行了分析。然后，我们借助财务计算器（我们花了大约 50 美元在斯塔普斯买的）进行了计算。我们这么做的目的是，确定我们能够承担的出价上限，同时还能保证现金的正常流动。一旦找到中意的房产，我们就按照自己的计算结果出价。如果中标，我们就会感到欢欣鼓舞；要是失败了，我们也并不在意，因为我们不愿花更多的钱。

几次投标失败之后，我们终于赢了一次。这套房子是单一家庭住宅[②]，位于圣卢西亚港，共 3 个卧室，两个卫生间，标价是 9.8 万

---

① 美国佛罗里达州东南部城市。
② 只供一个家庭居住的住宅。

美元。由于我们拥有良好的信誉，所以我们知道自己可以轻而易举地获得贷款资格；我们还了解到，我们可以用自己的存款和股票交易获得的钱支付各种费用：维修费、首付，以及房地产买卖手续费。这个过程只用了几个星期，我们的代理人早就为我们找好了房客，30天之内他们就搬进去了。

以下就是我们的收支明细：

**投资房地产需要支付的现金**

| | |
|---|---|
| 首付： | 1000美元 |
| 由我们支付的房地产买卖手续费： | 3000美元 |
| 由我们承担的修理费／翻新费： | 3900美元 |
| 合计： | 7900美元 |

**每月现金流分析**

| | |
|---|---|
| 房租收入： | 1040美元 |
| 房屋空置造成的损失： | 0美元 |
| 总收入： | 1040美元 |

每月支出：

| | |
|---|---|
| 各种税费（财产）和保险费： | 267美元 |
| 修理／维修费： | 25美元 |
| 储备金： | 25美元 |
| 管理费： | 45美元 |
| 月供（贷款30年，利率8%）： | 711美元 |
| 总支出： | 1073美元 |
| 每月净现金流 | −33美元 |

没错儿，结果是我们每个月要亏33美元。看上去我们好像选错了投资，因为我们没有足够的现金，去经营既耗时又费力的房产生意。但是，对我们而言，这意味着我们有希望获得经济上的独立。无可争辩的事实是，我们拥有一处能为我们带来收益的财产，我们的房客会为我们支付房产费用。最近，我们又筹集了一部分资金，这使我们购房的利率降低到了6.125%，这样，我们每个月要还的月供就减少到了579美元。下面就是利率调整之后我们每个月的现金流状况：

| | |
|---|---|
| 房租收入： | 1040美元 |
| 每月花销： | 941美元 |
| 每月现金流： | 99美元 |
| **现金的现金回报率\*** | |
| 每年现金流（99美元×12）： | 1188美元 |
| 现金投资金额： | 7900美元 |
| 现金的现金回报率： | 15% |
| （你能从银行获得这么高的回报率吗？） | |
| 注：\*现金的现金回报率＝年度现金收入／总现金投资。 | |

2000年10月，我们买下了这套房子。那个时候，圣卢西亚港的房价正在狂涨不止。最近，我们这套房子的估价已经达到了12.6万美元，升值率23%。我们最初只花了7900美元，就买下了这套房产。从这项房产中，我们获得的资产净值是2.6万美元（即房产的估价减去需要偿还的贷款总额）。如果我们现在以12.6万美元的价格将房子售出，我们的回报率将达到329%，而且，这个数字并不包

括每年的现金流。

"噢！"我们对彼此说道，"我们可以再接再厉。"我们确实如法炮制，购入了更多的房产，并再次尝到了成功的甜头。我们不断把自己的收入和纸财产转化为能为我们带来更多收益的实体财产。通过这种全新的投资方式，我们完全掌握了自己的生活。我们非常兴奋、信心百倍。在接下来的两年里，我们接连中标，又买下了3处房产，一处在田纳西州的克拉克斯维尔，两处在圣卢西亚港。

由于圣卢西亚港的一处房产不受退役军人管理局的资助，我们必须自己想办法解决资金问题。通过佛罗里达州的房地产代理商，我们在当地的一家银行找到了贷款代理人，申请到了贷款，利率为6.75%，首付5%。由于退役军人管理局不进行资助，竞标的人数大大减少，因此，我们仅以6.06万美元就买下了这套3室2卫的房子，以下就是这处房产的收支明细：

**投资房地产需要支付的现金**

| | |
|---|---|
| 首付： | 3030 美元 |
| 由我们支付的房地产买卖手续费： | 3000 美元 |
| 由我们承担的修理费／翻新费： | 5000 美元 |
| 合计： | 11030 美元 |

**每月现金流分析**

| | |
|---|---|
| 房租收入： | 825 美元 |
| 房屋空置造成的损失 (5%)： | 41.25 美元 |
| 总收入： | 783.75 美元 |

每月支出：

各种税费（财产）和保险费： 186 美元
修理费： 25 美元
维护费： 25 美元
储备金： 25 美元
管理费（租金的 5%）： 41.25 美元
月供（贷款 30 年，利率 6.75%）： 375 美元
总支出： 677.25 美元

每月净现金流 106.50 美元

**现金的现金回报率**

每年现金流（106.50 美元 ×12）： 1278 美元
现金投资金额： 11030 美元
现金的现金回报率： 11.6%

2000 年 12 月，我们买下了这处房产。根据那个地区的房价，即使保守估计，这套房子的价值也在 8.2 万美元。

后来，我们又通过因特网在田纳西州找到了一处房子，也在退役军人管理局的项目之内，总价 7.8 万美元，预付 500 美元。这一次，房地产代理商依旧给我们寄了好几处房子的照片。但是，他们在物色合适的房客时却颇费周折。不但如此，房地产买卖需要支付的手续费是 3000 美元，超出了我们的预期；各种税费也高于我们的预算。几个月以后，当代理商终于为我们找到房客时，我们的现金流已经出现了 40 美元的亏损。而且，我们不喜欢该房产的物业管理方式。因此，当这套房子升值到一定程度之后，我们就打算把它卖

掉。与此同时，我们也在寻求其他方式，使之扭亏为盈。

接下来，我们在凤凰城购买了另外一套房子，它也在退役军人管理局的项目范围之内，即丧失了抵押品赎取权的房子，当时的购买价格是11.85万美元。下面就是购买这套房子的收支明细：

**投资房地产需要支付的现金**

| | |
|---|---|
| 首付： | 5925美元 |
| 由我们支付的房地产买卖手续费： | 4000美元 |
| 由我们承担的修理费／翻新费： | 3000美元 |
| 合计： | 12925美元 |

**每月现金流分析**

| | |
|---|---|
| 房租收入： | 1050美元 |
| 房屋空置造成的损失（5%）： | 52.50美元 |
| 总收入： | 997.50美元 |
| | |
| 每月支出： | |
| 各种税费（财产）和保险费： | 121美元 |
| 修理费： | 0美元 |
| 维护费： | 25美元 |
| 储备金： | 25美元 |
| 管理费（租金的5%）： | 52.50美元 |
| 月供（贷款30年，利率6.75%）： | 826美元 |
| 总支出： | 1049.50美元 |
| | |
| 每月净现金流 | −52美元 |

> **现金的现金回报率**
>
> 每年现金流（−52 美元 ×12）： −624 美元
>
> 现金投资金额： 12925 美元
>
> 现金的现金回报率： −4.8%

尽管这样算来，这套房子的投资处于亏损状态，但总的来说，是我们的房客在为我们支付月供，购买这套房子；而且，我们从其他几处房产获得的收益用来支付维修等各项费用绰绰有余。现在，那个地区类似的房子的销售价格大约在12.8 万美元。

我们去看这套房子的时候，房地产代理商顺便带我们看了一个正在开发的项目。我们立即看中了一套正在建的房子，总价 12.75 万美元，首付 5%（6375 美元）。当时据那个代理商说，这个地区的房价看涨，我们轻信了那个家伙的话。但事实上，这个项目竣工之后几个月，一直闲置在那里，因为代理商和这个房地产项目的管理公司都没法把它租出去。我们认识到，管理是房地产生意成败的决定性因素。在别人的推荐下，我们找到了另外一家房地产管理公司。他们能在一个月之内把房子租出去，这样，我们每月就得到了 75 美元的现金流。

最近一段时间，退役军人管理局的这个项目变得异常火暴，加之贷款条件又非常诱人，因此标价一路上涨，购房的赢利变得越来越少；有时候，甚至出现入不敷出的情况。由于我们希望从房产交易中赢利，因此，我们把目光转向了其他的投资项目。那个时候，佛罗里达的房地产代理商与新的房屋开发商联系上了。去年，我们自己筹钱买下了一套。那个房屋建造商向我们推荐他的贷款项目，并向我们承诺，如果我们从他推荐的贷款方那里贷款，就以折扣价把 3 室 2 卫的房子卖给我们。后来，我们获得了贷款资格，并买下了那套房子，总价格为102750美元，首付5%(约5137美元)。而建造商则从中赚取了3000美元的手续费。当然，新房子的优点显而易见，那就是无须支付修理费，维护费用也可以忽略不计。以下就是这套房子的收支明细：

**投资房地产需要支付的现金**

| | |
|---|---|
| 首付： | 5137美元 |
| 由我们支付的房地产买卖手续费： | 1563美元 |
| 由我们承担的修理费／翻新费： | 0美元 |
| 合计： | 6700美元 |

**每月现金流分析**

| | |
|---|---|
| 房租收入： | 1090美元 |
| 房屋空置造成的损失(5%)： | 0美元 |
| 总收入： | 1090美元 |
| | |
| 每月支出： | |
| 各种税费（财产）和保险费： | 350美元 |
| 修理和维修费： | 25美元 |
| 储备金： | 25美元 |
| 管理费（租金的5%）： | 54.50美元 |
| 月供（贷款30年，利率6.75%)： | 609美元 |
| 总支出： | 1063.50美元 |
| | |
| 每月净现金流 | 26.50美元 |

| 现金的现金回报率 | |
|---|---|
| 每年现金流（26.50 美元 ×12）： | 318 美元 |
| 现金投资金额： | 6700 美元 |
| 现金的现金回报率： | 4.7% |

现在，那个地区类似的房子的销售价格已经涨到了12.6万美元。我们正在购买这批新房中的另外一套。

我们购买的前7套房子的每月净收入是324美元。我们的资产净值将近13万美元，初期的现金投入大约是6万美元，包括手续费和维修费。也就是说，我们的现金的现金回报率是7%，其中不包括房地产升值和有利的税率。除此之外最重要的是，我们的房客在为我们支付购房的月供！我们的秘诀就是：借贷来购买房产，然后，让别人来替我们还贷。

# 镜头六

我们从富爸爸那里学到：进行房地产投资是实现经济独立的途径之一。通过后来不断地学习，我们：

- 知道如何对一处房产进行分析，从而判断它能否赢利。
- 明白了管理决定着长期经营的成败。高效的管理能使你的生意锦上添花；拙劣的管理则会使本该赚钱的生意收益平平，使收益平平的生意赔钱。
- 寻找志同道合的人，与这些人交往。那些自怨自艾的人总是说这样的话，"我永远也无法做到"，"那个太贵了"，或者"为什么要自找麻烦呢？"他们从来不去尝试，却总能为自己制造出各种各样的借口。我们不能与这样的人为伍，因为他们会拖我们的后腿。

- 正在了解银行家们在什么情况下会批准贷款，什么情况下会拒绝贷款，以及为什么。

- 逐步发现购买一处房产不能感情用事，不能仅凭我们对房产外观的印象作出决定。大多数房产我们都还没有亲自去看过，我们不能凭借这些表面印象就作出判断。因此，尽管我们已经成为房主，但仍有一些东西不甚明了。但是，现金流却是实实在在看得见的。

我们生活中最大的变化之一就是——风险。在阅读"富爸爸"系列图书之前，我用爬山对一个人体力上的挑战来定义如何把握机会。现在，我们认为无所事事就是在冒险。沿着一条不知通往哪里的道路前进，以及在没有任何把握的领域投资，就像不带任何必要的装备就去爬山一样，都是有勇无谋的表现。

另外一个巨大的变化就是，我做事情不再像以前那样拖沓。现在，我总是自觉地去做我该做的事情（即使这件事情我可能并不喜欢），从而与我的惰性作斗争。在我开服务公司的头4年，总是有客户主动找上门来；现在，我会积极地去争取客户。我并不喜欢给陌生人打电话，但是我知道，为了工作，为了房地产投资，我必须这么做。

过去，我总是觉得时间不够用，或者觉得我动作太慢，无法实现预定的目标。这些都是一直困扰我的难题。但是，富爸爸把这些复杂的问题简单化，并用明白无误的方式把它们表达了出来，从而使我的头脑逐渐冷静下来。在我力所能及的范围内，通过不断学习，我知道我们一定能实现目标。

迄今为止，我的事业还停留在S象限，即小本经营阶段。尽管即使没有我，我的公司也能够正常运转，但是如果缺少我的参与，它就无法发展壮大。事实上，如果没有我的不断付出，公司的规模极有可能越来越小。现在，我们正在想办法进入B象限，即成为企业主。实现这一目标的方法之一，就是在其他城市进行特许经营。为了拥有足够的时间来发展并监督我的房地产投资，这份事业必须能够自行正常运转。

明年我们打算购买我们的第一处供多户家庭居住的房产，要么自己出资，要么与别人合伙。我们制定的5年计划是，每个月的被动收入[①]达到1万美元。这一目标实现之后，我就会退休，正式退出那种"老鼠赛跑"式的生活。我们不会依赖社会保险每月提供的1000美元生活，价值数百万的房地产会让我们的后半生衣食无忧。

## 结束语

对于未来，人们常常会感到茫然无措。由于未来存在太多的不确定因素，所以我们对于可能发生的事情以及如何应对这些事情，应该持乐观态度。我们觉得自己正在人生的旅途上赶路，成功是我们整个行程的一个组成部分。随着财务知识的日渐丰富，我们觉得自己在做正确的事情，不但为自己，也为我们的后代。比电影里的结局更令人欣慰的是，实现财务自由的最终目标就在不远的前方。

我们深深感到自豪。我们审视自己，并清楚自己取得了什么样的成绩。我们知道每天都要学习更多的东西，总结我们已经做了哪些事情，计划以后要做哪些事情。与过去幼稚无知的我们不同，现在的我们决定要了解这个世界究竟是如何运转的。我们也乐于接受各种变化，为自己的经济状况负责。当谈到退休这个话题的时候，我们已经能够坦然面对了。

过去，我们一直都期望自己能够非常富有；现在，我们的财富终于可以追上我们的想象了。

---

① 被动收入指不需要工作就能赚取的收入。

# 第2章
# 我们只关心自己的事情

特蕾西·罗德里格斯
亚利桑那州,凤凰城

10年之前,我们只有20多岁,就被迫宣布破产了。在那段时间里,我们每天都提心吊胆,处境极为艰难。当时的处境与我们现在的情况相比简直是两个极端:在破产的那8个月里,我们每天要接到至少20个催款的电话;现在,我们的被动收入源源不断。前者我们无法控制;而后者,多亏了富爸爸的帮助,它完全在我们的控制之中。

现在,我和我丈夫戴维拥有3家正在不断发展壮大的公司,此外,我们还有一处租赁房产。我们住着舒适的大房子,开着名牌汽车——不但如此,与以前相比,我们与亲人和朋友的关系也更加密切、更加和谐了。

## 似曾相识的故事

我是在加利福尼亚州的圣迭戈长大的。小时候,我家完全依靠父母每个月的薪水度日,不过当时我对这一切一无所知。我们住的房子非常漂亮,大家在家里从来不谈论钱的事情。我的父母离婚了,我跟着母亲和继父一起生活。我的母亲是一名妇产科医生,继父是一名消防队员。在我小的时候并不知道,母亲每次发工资时,都会拿出20美元用于储蓄。我上高中之后,每个学年开始的时候,她都会给我300美元,让我买衣服。对我来说,这是一笔数量相当可观的钱。每年的圣诞节给了我们挥霍的借口,因为每到这个时候,继父都会得到一笔奖金。但是,在一年中的其他时间里,我们总是过得很拮据,我甚至连在学校里当啦啦队队长的钱都没有。

高中毕业之后,我开始想,自己当老板会是什么样子。但是,这些想法很快就被搁置了,因为我遇到了戴维,我们开始了新的人生旅程。

1991年,我和戴维都在一个全年开放的滑雪度假胜地工作,日子过得有滋有味。和以前相比,我们的收入颇丰,所以我们买了水上摩托和豪华汽车。但是后来我们双双失业了,当我们在里诺重新找到工作之后,赚的钱比以前少了许多,我们很快就发觉有点儿入不敷出了。

1992年,我发现自己怀孕了。医生告诉我要卧床休息3个月,于是公司炒了我鱿鱼。感恩节前夕,我那不足月的女儿呱呱坠地。医院的各种账单很快就寄来了,新账加旧账,我们一共负债5万美元。当时我们别无选择,只好卖掉了水上摩托和豪华汽车。然后,我们宣布破产。那一年,我只有24岁。

但是,我依然心怀梦想,期待着有一天能自己当老板。我上了一所中等职业学校,成了一名美容师。与此同时,我还为一种女士贴身内衣作过推销。戴维也同样在努力工作。不久,我们又有了第二个孩子。

表面上看起来,我们承担了自己应该承担的责任,养育孩子。但是内心里,我觉得自己过着非人的生活。有时候,我会觉得前途一片黑暗，为此惊恐不安。我会想："我如何去面对将来的事情呢？"不良的信用记录伴随我们长达10年之久。

但是，我们从来没有放弃，一直在不懈地努力。1993年，我们加入了一个多级构成的销售企业；1996年，我们又开创了自己的公司。而至于我们如何经营公司，以及之后发生的所有的一切，都要感谢"富爸爸"系列图书。那是在2001年，我的一位良师益友向我推荐了这套书，从此我们的生活发生了天翻地覆的变化。

## 扭亏为盈

开始看《富爸爸穷爸爸》的时候，我正在亚利桑那州的斯科特斯德的一家旅游酒店工作，担任那里的酒吧经理。那个时候，我总是把书带到酒吧，在为客人倒饮料的间歇顺便看一看。我希望能实现，却不知道该如何实现所有的目标——拥有自己的企业，成为有钱人，自由自在地生活。我的目标全都在这本书里。我实现目标所要了解的所有内容，此刻全部掌握在自己的手里。

由于我是凤凰城旅游局的成员，因此，我有机会参加了罗伯特·清崎和金组织的一次研讨会。他们非常友好，不但送给我一本有他们亲笔签名的《富爸爸杠杆致富》，还邀请我去他们的办公室玩"现金流"游戏。我受宠若惊，欣然赴约。

获得了这些信息之后，我开始从另一个角度来看待自己的生活。以前面对困境，我很容易丧失斗志。我不止一次地坐在某个地方什么也不做，因为我没有办法让自己打起精神继续干下去。

但是，现在我已经认识到，我的身上有一种动力，永不枯竭。在我前进的过程中，知识和益友的教导一直支撑着我。了解到这一点之后，我的信心大增，也能够克服以前我给自己设置的三重障碍了：认为自己有限的受教育程度会限制自己的发展，认为现在改变生活方式已经太晚了，害怕别人的眼光。我开始克服清崎提到的所有障碍：愤世嫉俗、懒惰、坏习惯、自以为是，还有最要命的一条——恐惧。

我总是希望能做好自己的事情，不至于显得像个傻瓜。我害怕拿起话筒约别人见面，因为我总在想："我该怎么做呢？"害怕失败是最糟糕的事情。但是现在，所有的恐惧都渐渐离我而去。破产的阴影也一点点淡化。我开始经营能为我创造被动收入的生意。

## 我们的游戏过程

2002年，我们开始卖刨冰，每月能赚1500美元。现在，我们卖普通的冰激凌和甜筒，还打算扩大经营范围，卖一些快餐。

在第二次去清崎的办公室玩"现金流"游戏的时候，我想到了这桩生意。游戏中的一张卡片帮助我摆脱了以往那种"老鼠赛跑"式的生活。受游戏的启发，那个星期我一直在报纸上寻找商机。后来，果然被我找到一条快餐零售生意的广告。我立即就看出了这桩生意的双重价值：一方面，我能把这桩生意经营好；另一方面，我的家里人也会喜欢它。

为了获得必要的资金支持，我先是请求卖主给我资助，也就是说，在第一年里给我提供资金，利息是20%。他答应了我的请求。但是，当我向我的一个顾问提起这件事的时候（他是一个房地产投资人），他说他愿意从他的个人退休金账户中拿出钱来借给我们。于是，我们接受了他的建议，以5000美元的价格做成了这桩生意；借款的利率定为20%，每个月还500美元，一年之内还清。也就是说，连本带利的总价格是6000美元，在12个月之内还清。我决定去订做一辆手推车，这大概需要3个星期的时间。手推车的费用也包括在5000美元的购买价之内。

现在，我和戴维不会放过任何一个可能出现商机的场合：各种节日、手工艺品博览会、农产品交易会，等等。除此之外，我们还与雅文黛尔市签订协议，在那座城市的一个公园里出售小吃——那个公园叫自由公园，我喜欢这个名字——具体时间是每个星期二、星期三和星期四的晚上。

我们的目标是先干上一年，将这桩生意的所有环节摸索清楚。因为现在只有亚利桑那州允许做这种生意（许可费包括在我们购车的费用之内）。之后，我们就会雇人照看生意。

我们接手这桩生意的头4个月里，月收入就已经达到了1000美元。除去我们每个月要支付的500美元贷款，我们每月的净收入是500美元。这些快餐的成本是相当低廉的。比如说，一个冰激凌的进价是14美分，出售价格则是3美元。现在，有很多活动的组织者都约我们去出售小吃，这样收入就更多了。

接下来一桩生意是用自动售货机出售药品。我们在2002年9月从一个朋友那里接手了这桩生意，其灵感同样来自"现金流"游戏。这些售货机在公共洗手间里出售阿司匹林和其他应急药品。当我和戴维看到游戏卡片上显示的这桩生意时，不由得都动了心。我们为此兴奋不已，认为这桩生意恰恰满足了人们在这方面的需求。它吸引我们的另外一个主要原因，则在于它的与众不同。

我们决定找一个经纪人，咨询一下有没有做这个生意的可能性。我们先后和好几家公司接触过，一方面，我们要争取卖方尽可能多的资助；另一方面，我们要力争以最低的价格买到售货机。

最终，我们在因特网上找到了一家公司，并与它达成协议，以2600美元的价格购买了20台售货机，比经纪人的报价低160美元。我们真的非常走运，而且一个朋友的亲戚非常支持我们的想法，也很想帮助我们，因此他给了我们5000美元。（这是送给我们的礼物，不需要偿还。）然后，我们用剩余的2400美元购买了所需要的各种药品。

当时，这些售货机可以得到慈善事业的捐助。于是，我们和"寻找失踪儿童国际组织"建立了联系。它要寻找失踪儿童，提供失踪儿童的照片给我们，而我们则把照片贴在售货机上，从而得到每个月的捐款。我们跟那些药品供货公司说我们每个月都会拿出一部分销售收入捐给"寻找失踪儿童国际组织"，因而它们也可以利用售货机上约60厘米见方的面积做慈善，冲抵相应货款。

6天以后我们拿到了这些售货机，然后，我们开始在上面贴标签，确定药品的摆放位置。一切准备就绪之后，我们的药品订单又出了点差错，所以耽搁了一些时间，最后才使这些售货机各就各位。我们通过调查发现，每台机器每个月大概能赚75美元，当然，这是下限。我和我的朋友每两个星期会为售货机补充一次药品。尽管这些售货机现在还只在当地有所分布，但是谁敢说以后不会扩展到其他地方呢？我们可以一直做下去，推广到其他地方。到那时，我们就会雇一些人替我们补充药品。

在此之前，我们把自己的房子也用于投资。2001年，我们把房子租了出去。它是我们在1998年买下的，花了8.9万美元。这套独门独户的住房总面积约110平方米，有3间卧室，两间洗手间。房子出租之后每月带给我们的被动收入如下：

| 投资房地产需要支付的现金 | |
| --- | --- |
| 首付： | 0美元 |
| 由我们支付的房地产买卖手续费： | 308美元 |
| 由我们承担的修理费／翻新费： | 0美元 |
| 合计： | 308美元 |

**每月现金流分析**

 房租收入： 950 美元

 每月支出：
 各种税费（财产）和保险费： 124.84 美元
 房主联合会会费： 10 美元
 月供（贷款 30 年，利率 7.375%）： 618.75 美元
 总支出： 753.59 美元

 每月净现金流： 196.41 美元

**现金的现金回报率**

 每年现金流（196.41 美元 ×12）： 2356.92 美元
 现金投资金额： 308 美元
 现金的现金回报率： 765%

现在，这个地区同样条件的房子，价格大约在 11 万～11.9 万美元之间。

我们没有用这笔收入去还房贷。事实上，我们之所以决定将房子租出去，就是因为这个地区的房子在升值，我们想继续拥有这套房子。同时我们发现可以从房屋出租中获益。除此之外，在房子租出去之前，我们还可以舒舒服服地住在里面。找房客需要大约 60 天时间，此后我们可以暂时借住在朋友家里，直到我们的新房子收拾好。第一个房客与我们签订了为期一年的租赁合同，期满后就离开了。接下来，新的房客搬了进来，到现在还一直住在那里。这一切没有一点遗憾，因为这非常容易，而且感谢上帝，我们的房客都非

常好相处。

最后，我们开始经营自己的销售公司，它是我们在1996年创办的，我们采用了一种与众不同的经营方式。到2002年，我们获得的总利润大约是1.2万美元。在我们按照富爸爸的教导去做之前，这个公司的年利润只有1000美元，和现在相比真是差远了。一旦我认识到生意是赚钱的工具，我越发渴望成功。过去我总是因为家人、朋友甚至陌生人的异议而困惑，现在我再也不受他们的影响了。不但如此，我还通过告诉自己3件事情，改变了对做生意的看法：

1. 做生意没什么丢脸的。
2. 我在做那些唱反调的人没有做的事情。
3. 我会获得成功。你知道，我现在做就是成功！

## 一种不同的观点

我们的生活焕然一新。现在，我的思维方式也变了。过去，我认为风险就是"我会失去多少"。现在，我认为风险就是"为了降低风险，我需要学习哪些知识"。

转变了财务观念之后，我还养成了新的习惯。我们总是把赢利和亏损的情况写下来，看到纸上的这些数字，我们就知道自己做的事情是对还是错。每当看到它们，我都非常兴奋，因为我能从中看出自己前进的方向。

此外，我还有自己的团队，一起经营未来的事业。我的团队包括一个房地产经纪人，一个税务律师，一个会计，一个市场营销人员和一个房地产投资商。我信任他们。虽然现在每个月与他们碰一次面还不能让我感觉很成功，但是我迟早会有这种感觉的。

## 一件更稳妥的礼物

"9·11"事件之后,旅游业受到了很大的打击。我认识的许多人都因此失业了,另外一些人虽然保住了工作,但也只能勉强维持生计。而我们的处境就大不相同了。我知道,凭我所学到的东西,我会安然度过这一时期。2002年,很多人都还在紧张地观望形势,而我又找到了两桩生意。当别人都惶惶不安时,我却感觉充满了力量。自主经营使我免去了失业的担心,也不用为经济状况担忧。

我曾经坚信总有一天能获得财务自由,但问题是当时我并不知道该如何实现这一目标。而现在,我清楚地知道自己的前进方向,知道自己每天在做什么。

我的同事看到我做的事情,意识到自己也能作出选择,从而改变生活。但是,也有人说我和我丈夫只是运气好罢了。其实,那是因为他们根本不知道其中的奥秘。

## 关于我们的未来

现在,我和我丈夫依然处于现金流E(雇员)象限和S(自由职业者)象限。我每周依然到酒吧去工作3天,在那里我结识了许多人。我的丈夫戴维则成了一个啤酒经销商的推销员。我们的目标就是在出租房子的同时,进入B(企业主)象限和I(投资人)象限——因为我们目前还没有雇人为我们工作。

5年以后我就40岁了。进入40岁以后,我希望自己永远不必再为别人工作。为了实现这一目标,在接下来的两年里,我要把现在的生意发展壮大。与此同时,还要学习关于经营和房地产投资的知识。两年之后,我打算辞掉现在的工作。在第三和第四个年头里,我打算进行房地产方面的投资,同时学习股票市场的相关知识。接下来，在第五和第六个年头里，我们要集中精力进行经营和投资，从而使我们在接下来的岁月里一直都有收入来源。这样，我就能把自己学到的东西传授给别人了。

我打算把自己的时间都投入到孩子的教育上。我想把"现金流"游戏传授给孩子们，因为对孩子而言，学习财务知识非常重要。这种知识将会赋予他们改变命运的力量。

我的两个孩子（一个9岁，一个10岁）已经知道，世界上有很多钱在等着他们去赚。在他们了解攒钱与给予的重要性的同时，也学到了理财的知识。

我们的生活的确旧貌换新颜，生活水平还在日益提高，因为我们掌握着自己的生活。我们从来不曾丢掉自己的梦想，我们所做的就是去寻找实现它的途径。

# 第3章
# 亡羊补牢，犹未晚矣

塞西莉亚·莫里森

亚利桑那州，斯科特斯德市

2002年秋天，我获得了一次与罗伯特·清崎同台演讲的机会。那是在纽约麦迪逊广场花园，当时台下座无虚席。我从来没有在几千人面前讲过话，在"富爸爸"团队里，我只是一名幕后工作者。

最初，我来到"富爸爸"的办公室，是为了应聘一份为期两周的临时工作。我曾经在中西部地区的制造行业干了很多年。退休以后，我搬到了凤凰城。

在过去的4年里，我一直在"富爸爸"团队中兼职，这里几乎所有的工作我都做过，包括会计和客服。现在，我是团队的协调员，负责安排罗伯特的日常工作，并为"富爸爸"的各种活动进行采购。因此，我的退休计划暂时搁置了。

现在，大家经常会看到我手里拿着一个记事本，一边查看清单，一边做记录，"那个产品到了吗？""他们把舞台搭好了吗？"

说实话，在过去的大部分时间里，我只是听到前台在说些什么，却从来没有真正在意过它的内容。我总觉得那些信息是为别人准备的，不属于像我和我丈夫乔治这样的普通人。虽然我们都年近

60 了，但我们仍然非常独立。在金钱方面，我们甚至不需要公司的养老金和退休金。作为一名兼职的自由职业者，我自行决定工作时间，不享受任何员工福利。

如果你能找出这个世界上在经济方面最保守的人，那个人肯定是我。

但是那天晚上，一个截然不同的我站在了麦迪逊广场花园的讲台上。能够改变固守一辈子的金钱观，向财务自由之路迈进，并不是一件轻而易举的事情。但是我们确实做到了。如果没有富爸爸教导的知识，如果不是从这些知识中获得了巨大的信心，这一切我们简直想都不敢想。

## 我的背景

我是在芝加哥的一个蓝领家庭里成长起来的，家里人都虔诚地信奉天主教。我父母都是波兰移民。父亲在一家钢铁厂工作，母亲则在家养育 9 个孩子。我在家里排行老大。大人们竭尽全力，让我们几个兄弟姐妹都念完了高中。我记得我的祖母一直用那种老式的方式攒钱：她把钞票都塞进咖啡罐里，然后把它埋在后院。

后来，我成了一名会计，在各种制造类的公司工作。我的丈夫乔治则是一家大型电脑公司的独立承包商。我们有两个孩子。乔治和我挣了很多钱，也花了很多钱。当然，我们也攒钱，就像大家所期望的那样。但是，我们总是害怕从积蓄里拿钱出来。只要我们周一早晨还能起床，还能去工作，我们就能继续挣钱。我们觉得这样的生活很好，没有必要去改变。

## 但是,我们被惊醒了

开始为"富爸爸"团队工作之后,我读了"富爸爸"系列图书,也和同事们一起玩了"现金流"游戏。最后我终于意识到,我在金钱方面的保守做法并不是实现财务自由的最安全途径。我曾经一度坚信,我和乔治能够"在某一时刻,在某一天"改变自己的生活方式。

两年以前,在参加完一个有关房地产的研讨会之后,我和乔治购买了一套可以用来出租的公寓。但是,我们还是采用了比较稳妥的方式,用手里的现金来买,而不是用别人的钱(即从银行贷款)。扣除所有的支出之后,我们每个月的盈余是80~100美元。我们的确迈出了第一步,但远不足以使我们退休。

后来,我们又参加了一个关于产权投资的研讨会,才知道原来我们的房子也有很大的投资潜力。于是,我们联系了一个房地产代理人,请他对房子进行评估。凑巧的是,那个代理人也是"富爸爸"的忠实读者。我们一起探讨了房地产领域所蕴藏的投资机会,最后决定与代理人以及另外8个人一起创建一间有限责任公司。我们的设想是,每个人投资2.5万美元,这样就可以购买一处规模较大的房产(价格在100万~150万美元之间),这样的房产单凭我们个人的力量是谁也支付不起的。

在接下来的6个月里,我们看的几处房子条件都不太好。我们逐个分析,但是都觉得不满意,原因如下:

1. 我们都不想自己的房产是贫民窟。
2. 现金流回报太慢,我们没有时间等着现金流慢慢增长。我们已经计算过了,对于我们这个年纪的人来说,要想从投资中获得足以负担生活的被动收入,能承受的最长投资期限就是5~10年。另外，还有一个因素也要考虑在内：我们会因为2.5万~7.5万美元之间的投资额而感到生活拮据。我们当然明白，我们的子女以后肯定会从这些投资中获益，但是我们的目标只是让自己在退休后衣食无忧。

（现在，这个投资团队已经不存在了，但是我们依然保持联系，因为我们非常珍惜这个在一生中也许只有一次的合作机会。我们就是通过这个团队认识我们的会计的。此外，我们还因此结识了一位资深的顾问。）

但是，我们的目标依然是通过5万美元的投资获得立竿见影的收益。我记得在"现金流"游戏中，有一张卡片是自助洗衣店。我们都很清楚我们谁都不愿意辞掉工作来专职做生意，同时也认识到开自助洗衣店时间很自由。

我们先在因特网上查了一下自助洗衣店的特许经营权的问题，然后就开车在附近寻找机会。通过"投币式洗衣店联合会"，我们联系了3个这方面的经纪人，告诉他们我们的投资意向。这个过程持续了8个月，但是，我们从中学到了很多东西。我们的运气还算不错，最终找到了一家经营状况很好的店，店主当时正在闹离婚。

这样，我们不必动用储蓄，仅用手头的钱就把这个自助洗衣店买了下来，并且丝毫不会影响我们原来的生活方式。为了避免纳税，我们又单独成立了一家公司。我们已经明白了要节省水、电、煤气等东西，因为它们的开销是最大的。

我们采取了前任店主的贷款方式，从"小业主联合会"那里申请贷款，这种方式虽然需要一大笔首付款，但是能给我们5年的时间还贷。按照这个还款时间,5年以后我们就能完全拥有这些设备了。这个贷款期限对我们来说非常重要，因为那正是我们打算正式退休的时间。我们可以从设备的折旧费和其他费用中扣除要缴的税，这样我们每个月的收入都是免税的。

在接下来的5年里，我们的投资就能获得收益了。我们每年的收入是9.5万美元，各项支出是5.6万美元，这样，我们每年的利润就是3.9万美元。当我们购买设备的贷款全部还清之后，我们每年的净收入还会继续增长，将达到6万美元。

贷款偿还得非常顺利，我们已经通过经纪公司估算了抵押贷款的最高额度，这样，我们就能再购买两个自助洗衣店了，这是我们两年以后的投资计划。从现在开始的5年时间里，我们无须工作就能维持现在的生活水平，当然如果我们自己愿意工作，就另当别论了。

现在，乔治不想再像以前那样频繁地外出旅行了。25年来，他总是周一出门，周五才回来。他不打算退休，他更希望把工作做得更好。现在我们常待在家里，我们爱自己的家，我们对家里作了很多改变。比如说，我们把一辆昂贵的汽车抵换出去，换成了一辆稍小的运动型多用途车，用来给自助洗衣店运送补给。这样我们每个月可以节省300美元。

## 我们的孩子也不甘示弱

我们的儿子今年27岁，他对我们所做的一切很感兴趣。上大学的时候，他就把"现金流"游戏带到了学校的宿舍。他已经在和一个房地产代理商商量购买一处租赁房产了。

我们的女儿今年23岁，看到我们所做的事之后，就让她哥哥教她玩"现金流"游戏。现在，她们兄妹俩正在探讨携手投资房地产的事呢。

对我和乔治而言，情况就有所不同了。鉴于我们的生活背景和年龄限制，我们不可能迎头赶上了，因为如果要那样做，势必要改变我们多年以来养成的习惯和形成的观念。我们很怀疑自己能否接受这种改变，对此我们的态度是"做出来给我们看看再说"。我们原以为社会保险会解除我们的后顾之忧，但是目睹了父辈们依赖社会保险艰难度日，我们真是感到触目惊心。毋庸置疑，与他们相比，我们已经做得相当不错了。我们觉得储蓄无疑是正确的选择。但不幸的是，在过去两年中，我们在股票市场中损失了6位数的投资。那都是我们辛辛苦苦赚来的血汗钱。

说实话，我在购买自助洗衣店签支票的时候，我的手在颤抖。但是，签完第一次之后，以后再签就容易多了。而且，当意识到将来不必依赖子女或是社会保险来过活，我们心里就感到非常踏实。几年之后，当乔治60岁的时候，我们会为自己感到骄傲的。能够掌控生活的感觉好极了。我这一辈子都在为他人、为他人的公司工作，帮助他们赚钱——但是这一次，我是在为自己赚钱。事实上，我刚刚资助了当地的一个小社团（我和乔治都非常喜欢这个社团）。回报社区让我感觉非常好。我喜欢在小孩子的衬衫上、在草地上飘扬的旗帜上看到我们洗衣店的名字。

如果你已经年过五旬，或是年纪更大，认为自己不可能改变对金钱和机会的态度，那么请相信我，你能做到这一切。富爸爸让我认识到，我们能够自己经营一些生意，每月获得稳定的收入来养活自己。因此，我才站在麦迪逊广场花园里的讲台上，告诉所有的听众，如果我能做到这一切，他们也一定能做到。

# 第二部分
# 你曾经怎样，就能怎样

富爸爸告诉我，我可以改变自己对金钱的看法。

我知道，金钱是一个牵动人们感情的话题。在处理有关金钱的问题时，人们要么激动万分，要么感到恐惧，或者还有一些其他的情绪。因此，当别人告诉我富爸爸的经历如何触动他们的感情时，我一点儿都不惊讶。他们的家庭对金钱的忽视也同样影响他们的感情。害怕管不好钱，害怕因为钱太多而疏远了别人，或是害怕看上去不像有能力挣到这么多钱等，都是真实存在的问题。

要克服关于金钱的种种矛盾心理，不是一件容易的事情。运用富爸爸传授的经验，这些人都改变了自己对金钱的态度，进而改变了他们自己，因为他们都学会了如何控制自己的钱。他们没有让金钱奴役自己，相反，他们控制了金钱。无论他们的背景如何，他们都实现了财务自由。

首先，你将读到戴维·卢卡斯的故事。戴维来自阿肯色州。他坦率地承认，对于金钱，他缺乏信心。但是，一旦他认识到获得恰当的帮助之后他能做些什么，他的不自信就再也不能阻止他前进的步伐了。接受财务知识培训使戴维的生活发生了很大的变化。对于那些认为自己一无是处、更不可能获得财务自由的人来说，戴维的故事很有启发意义。

在美国的另一端,来自华盛顿州的医学博士瓦莱丽·科利莫尔会给我们讲述她的故事。关于教育,以及去学校学习一门技术有多么重要,我的富爸爸和穷爸爸都谈了很多。毫无疑问,为社会作贡献是应该的。但是,学生们在学校并没有学到任何财务知识,因为学校不教授这方面的内容。这种状况导致许多人都陷入了财务窘境。瓦莱丽就是这样一个例子。

瓦莱丽接受了医科的高等教育,尽管如此,她承认自己仍在尽量避免理财,因为她害怕犯错误。通过学习富爸爸课程,她由害怕金钱到最终控制金钱。她的目标就是让自己和家人拥有一个可靠的"钱途",她下决心一定要实现这一目标。

来自印第安纳州的里德·施魏策尔也讲述了他的故事。里德坦承,由于不懂理财,他在财务方面几经沉浮,直到找到"富爸爸"这个投资向导,情况才有所好转。读完"富爸爸"系列图书之后,他看到了以前从来没有注意到的机会,并且开始积累资产,构筑自己的"钱途"。

在这一部分,你还将读到丹·麦肯齐的故事。他住在北卡罗来纳州。我们有着极其相似的童年经历。他父亲和我的穷爸爸都认为,钱是万恶之源。在阅读"富爸爸"系列图书的过程中,丹才确定自己对金钱的看法没有错,积累资产才是明智的做法。如果你接受的也是这种教育,即金钱与邪恶密不可分,应该尽量避免与钱打交道,那么你应该读一读丹的故事。他向读者展示了财务自由的真正意义,金钱有哪些好处,以及回报社会的重要性。

# 第4章
# 通过投资树立自信心

戴维·卢卡斯

阿肯色州，小石城

我的童年是在阿肯色州杰克逊维尔市度过的。在整个高中时代，我都缺乏自信，认为自己无论做什么都不会成功。由于我在传统的学校教育中并不是一个好学生，所以我连获得成功的动力都没有。

但是两年前（那时我25岁，一贫如洗），一个在网络营销公司工作的朋友给了我一盒磁带，就是这盒磁带激发了我学习财务知识的动力。当我在车里听这盒磁带的时候，罗伯特·清崎所讲的内容一下子就把我吸引住了。我觉得他简直就是专门为我而讲的。他说得对极了，购买资产，减少负债，实现这些目标并不难，我都能做到。我想知道具体应该怎么做。我一直都对房地产感兴趣，却到现在才认识到，房地产投资是构筑"钱途"的铺路砖。

接下来，我花了几个月的时间，尽可能多地阅读房地产方面的书籍，也听了更多的磁带。渐渐地，我不但明确了前进的方向——我的目标就是进行房地产投资，而且知道了怎样才能到达目的地。我迫不及待地采取行动，因为我已经知道要把那些拼图放在什么位置了。

有了决心和财务知识培训作为后盾,我发现获得成功的欲望既压倒了对失败的恐惧,也压倒了对不可知因素的恐惧。我最终认识到,如果你什么都不做,那你永远也不会成功。采取行动则意味着克服恐惧心理,从而找到实现财务自由的方法。

在过去的一年半里,我从银行贷款约18.5万美元,投资于租赁房产,这些房产目前的估价是22.5万美元。现在,我拥有两套两居室的联式房屋①,一套3居室的联式房屋,一套3居室的房子和一套一居室的公寓,全部加起来,共有8套出租屋。但是,我投入的资金相当少,购买所有房产只花了2000美元现金而已,而我每个月从中获得的收入是1500美元。

尽管这听起来像是天方夜谭,但是,从恐惧成功到渴望成功的过程的确非常短暂。我连做梦都没想过,我能在这么短的时间获得这么大的成功。但事实是我的确做到了——我还要不断获得成功。

## 我的第一次经商经历

1996年,念了一年大学之后,我就退学了,与别人合伙开了一间公司,提供网络服务,主要业务是为家庭和企业过滤不需要的网页。

我觉得自己是一个自由职业者。从1999年到2001年,我和其他5名雇员一起经营这间公司,公司设在阿肯色州的舍伍德,距离小石城大约13千米。现在我的那些合伙人都已经离开公司了。我独自对我们的25位股民负责,他们都是当地的投资者,当初为我们提供了启动资金。因为他们看到了这桩生意的潜力,我们才能成立这

---

① 两家合住的房屋,各自都有出口。

家公司。我们的客户数量一度达到 1000 个。

但是 5 年以后，那些投资者不愿意继续投资了，因此我们就把公司卖给了别人。我损失了 5000 美元的资金，而且公司到最后也没有赢利。

2001 年，我又成立了一间网络公司，在美国和加拿大提供远程服务。但是这间公司也在不久之后卖掉了。

尽管这两间公司的寿命都不长，但我认为这种经历是我有生以来所接受的最好的商业教育。无论如何，在成立第一间公司时，我才高中毕业不久。这种来自现实世界的经商经历，是任何东西也换不来的。在和各色人等打交道的过程中，我获得了许多宝贵的技能：给陌生人打电话、做市场调查、开账单、外包、筹集资金、销售、经营、解决问题，等等。毫无疑问，我也犯了很多错误，但是每次犯错之后，我都从中学到了很多东西。这段经历为我日后从事房地产投资打下了坚实的基础。

现在，我要开始房地产生意了。在过去的一年半里，我负责寻找合适的房产，我的妻子利亚则独自负担着我们两人的生活。

## 我的游戏过程

最初，我是通过报纸和房地产杂志来寻找房产的。我开着车，来回穿梭于邻近街区，和房主联合会的人交谈，了解情况。

我很清楚自己的投资目标是每个月都有固定的收益。我利用表格来分析每一处房产的潜在资金回报情况。

做完分析之后，我就去与房主见面，提出我的报价。出乎意料的是，我的第一个报价就被对方接受了。坦白地说，我并没有指望首战告捷。如果要我报 10 次价，我也会毫不犹豫地去做。关键在于，我已经下定决心要进行房地产投资，因此我会全力以赴地为这个目标努力。

接下来，我当然需要一笔住房按揭贷款。我向我拜访的第一家银行解释说，房子的现任房主允许我进行二次抵押贷款。他们告诉我，我需要预付至少10%的首付，而且必须是自己掏腰包。对我来说，这可行不通，因为我根本没有钱。当然，我还可以选择另外一家银行，于是我就这么做了。

我去的第二家银行条件没有那么苛刻，他们并不在乎我的首付款是不是借来的。于是，我后来购买所有的房地产都是通过这家银行申请贷款的。

我投资的第二处房地产同样没有预付任何现金，因为银行需要的首付是原房主借给我的。这一次原房主自己进行了10%的二次抵押贷款。

（在这两次交易中最重要的一点就是，我与原房主协商，争取让他们为我提供二次抵押贷款。这对我非常有利，因为我自己没有投资所需的钱。如果他们不同意我的条件，那我就不可能买下他们的房子。这些二次抵押贷款都不超过4年，也就是说，在几年之后我的现金流就会增加，因为到时我会还清原房主资助的那部分贷款。）

在我购买第三处房产的时候，我说服了我的父母，让他们把通过抵押房子获得的最高限额贷款借给我。这一次，我用3.5万美元购买了一套3居室的房子和一套一居室的公寓。购买这两处房子我自己大约花了2000美元，然后几乎所有的维修工作都是我亲自做的，否则我无力支付翻新这两套房子的费用。几个月之后我去了银行，并告诉他们，既然我完全拥有这些房产，请他们为我担保贷款。

这两处房产的估价是5万美元，银行给我90%的贷款，也就是4.5万美元。在支付了购房手续费、贷款手续费，并且把从父母那里借来的钱还清之后，我自己还剩下 8800 美元。

以下就是我购买房产的收支明细：

---

**购买房产的价格：35000 美元**

**投资房地产需要支付的现金**

| | |
|---|---|
| 首付： | 500 美元 |
| 由我支付的房地产买卖手续费： | 0 美元 |
| 由我承担的修理费／翻新费： | 2000 美元 |
| 合计： | 2500 美元 |

**每月现金流分析**

| | |
|---|---|
| 房租收入： | 1010 美元 |
| 房屋空置造成的损失（5%）： | 50.50 美元 |
| 总收入： | 959.50 美元 |

**每月支出：**

（房客负责支付所有设施的使用费，并负责整理后院。）

| | |
|---|---|
| 各种税费（财产）和保险费： | 75 美元 |
| 修理和维护费： | 0 美元 |
| 储备金： | 25 美元 |
| 管理费： | 0 美元 |
| 月供（贷款 15 年，利率 7.4%）： | 423 美元 |
| 总支出： | 523 美元 |

（银行制订了加速还清贷款的计划，这样我每月两次，每次还 423 美元，第一笔贷款大约在 13 年之内就可以还清了。）

---

| | |
|---|---|
| 每月净现金流： | 436.50 美元 |

**现金的现金回报率**

| | |
|---|---|
| 每年现金流（436.50 美元 ×12）： | 5238 美元 |
| 现金投资金额： | 2500 美元 |
| 现金的现金回报率： | 209% |

现在，这套房子的估价已经达到 5 万美元了。

我购买第四处房产的过程与第三处相似。我从父母那里借来钱，用现金支付了房款。在没有做任何修理和翻新的情况下，那套房子的估价就已经达到 7.5 万美元（比我购买时的房价高出 1.5 万美元）了。于是，我又去了银行，告诉他们我完全拥有这套房子，我希望以房子作为抵押来向银行贷款。银行贷款给我的金额足以还清我从父母那里借来的钱，支付购房手续费和贷款手续费。尽管这次贷款没有任何余额，我还是相当满意。以下就是这套 3 居室联式房屋的明细：

**购买房产的价格：60000 美元**

**投资房地产需要支付的现金**

| | |
|---|---|
| 首付： | 500 美元 |
| 由我支付的房地产买卖手续费： | 0 美元 |
| 由我承担的修理费／翻新费： | 2500 美元 |
| 合计： | 3000 美元 |

**每月现金流分析**

| | |
|---|---|
| 房租收入： | 1300 美元 |
| 房屋空置造成的损失（5%）： | 65 美元 |

| | |
|---|---|
| 总收入： | 1235 美元 |

每月支出：

（房客负责支付所有的设施使用费，并负责整理后院。）

| | |
|---|---|
| 各种税费（财产）和保险费： | 80 美元 |
| 修理和维护费： | 0 美元 |
| 储备金： | 35 美元 |
| 管理费： | 0 美元 |
| 月供（贷款 15 年，利率 6.5%）： | 622.66 美元 |
| 总支出： | 737.66 美元 |
| 每月净现金流： | 497.34 美元 |

**现金的现金回报率**

| | |
|---|---|
| 每年现金流（497.34 美元 ×12）： | 5968.08 美元 |
| 现金投资金额： | 3000 美元 |
| 现金的现金回报率： | 199% |

现在，这套房子的估价是 7.5 万美元。

下面是我购买一套两居室的联式房屋的明细。这一次，原房主为我提供了为期 36 个月、金额为 4550 美元的二次抵押贷款：

**购买房产的价格：43000 美元**

**投资房地产需要支付的现金**

| | |
|---|---|
| 首付： | 500 美元 |
| 由我支付的房地产买卖手续费： | 0 美元 |
| 由我承担的修理费／翻新费： | 600 美元 |

合计：                                      1100 美元

**每月现金流分析**
    房租收入：                              1000 美元
    房屋空置造成的损失（5%）：              50 美元
    总收入：                                950 美元

    每月支出：
    （房客负责支付所有的设施使用费，并负责整理后院。）
    各种税费（财产）和保险费：              75 美元
    修理和维护费：                          0 美元
    储备金：                                25 美元
    管理费：                                0 美元
    月供（贷款 15 年，利息 7.4%）：         405.28 美元

（银行制订了加速还清贷款的计划，这样，我每月两次，每次还 405.28 美元，第一笔贷款大约在 13 年之内就可以还清了。）

    支付给原房主的二次抵押贷款（贷款 36 个月，利率 8%）：
                                            148.50 美元
    总支出：                                653.78 美元

    每月净现金流：                          296.22 美元

**现金的现金回报率**
    每年现金流（296.22 美元 ×12）：         3554.64 美元
    现金投资金额：                          1100 美元
    现金的现金回报率：                      323%

现在，这套房子的估价是5万美元。

我目前所从事的还都是一些小规模的投资。我购买的房产价格大约在3.5万～6万美元之间。我得实事求是地说，像所有做房地产生意的人经历的那样，我也遇到了许多让我头疼的问题。比如说，有时候水管会裂开；有时候房子会一直空着，找不到合适的房客。但这些困难都是暂时的。一旦获得成功的决心占了上风，长期投资带来的回报就会战胜短期的痛苦。我现在仍不敢相信，我用那么少的投资就获得了那么大的收益。只要坚持不懈，终会获得回报。

从2001年8月到2002年12月，我一直是一个自由职业者。我成立了一家公司，专门进行房地产投资。不过在现阶段，除了继续购买房产之外，我也在努力偿还各种贷款，如汽车贷款、信用卡债务，等等。为了尽快还清债务，我还找了一份工作。而且，因为最近经济发展不稳定，我妻子利亚的收入下降了许多。她从事着日用百货的批销工作，根据业绩来提取佣金。

我计划用一两年的时间偿还主要的债务（不包括我们的房子）。与此同时，我们还要逐步积累被动收入。

## 我的目标

眼下，我打算进一步用银行的钱来购买更多的住宅，从而平衡我的收支状况。我的目标是，到2006年拥有16处租赁房产；到2010年拥有至少40处租赁房产，每个月的收入达到1万美元或者更多。

当我40岁的时候，我将还清10处以上的房屋贷款。然后，我打算把这些房子连同我即将购买的其他房子都卖掉，根据美国国税局出台的第 1031 条款<sup>①</sup>用这笔钱来进行投资。我将把这笔收益作为首付，购买一处更大的房产。比如说，我一共卖掉 10 套房子，平均每套售价 6 万美元。那么，我的收入就是 60 万美元，可以支付一幢大型公寓楼的首付了。对于做这种房地产交易的房主，美国国税局给予了一定的税收优惠，在房主出售房产之后可以延期收取资本收益<sup>②</sup>税。

到那个时候，我每个月的收入将达到 1.8 万～2 万美元。

## "钱途"一片光明

不可否认，金钱非常重要。但是，生活中还有比金钱更重要的东西。我的父亲是一位药剂师，自由职业者，每天工作的时间很长。人们需要他的技术和服务，而他也不愿让别人失望。但是他毕竟分身乏术，如果要工作，他就不可能待在家里。我不希望同样的事情发生在我身上。（我很高兴地告诉大家，在过去的两年半里，我的父母——父亲很快就要退休了——和我的叔叔婶婶都在购买投资项目。）

我今年 27 岁，能够控制自己财务命运的感觉好极了，简直无法形容。与此同时，我知道我的收入不依赖任何人，它完全掌握在我自己手里，这使我非常兴奋。我认为没有什么比这一切更能树立一个人的自信心了。

---

① 即 1990 年夏季美国国税局出台的 1031 条款规定的延期交易计划。根据这一计划，买卖行为可以转化为一种交易。某些财产的业主，如房地产或者私人财产的业主，可以将他们拥有的财产出售，从而购买同类的财产，无须支付资本收益税。适用于这种交易的财产范围很广，包括土地、租赁房产和商业性房产。这项条款只适用于商业交易，而且只能在同类的交易间进行，如商用飞机与商用飞机之间、商用卡车与商用卡车之间。

② 出卖一份资产，所获收入中超出原投入的那部分数额。

# 第5章
# 别具一格的教育

瓦莱丽·科利莫尔
华盛顿州,贝尔维尤市

大约3年前,我在财务上走到了岔路口。在我面前有两条路。我的第一个选择是像以前一样沿着财务慢行道缓缓前进,我之所以这么做,是因为我害怕别人看出我在财务方面的无知,这种恐惧战胜了我想成为善于理财的人的愿望。我的另外一个选择就是进入财务快车道,那些富有而聪明的人正驾着车风驰电掣地行驶在这条高速路上,并且知道如何才能到达自己的目的地。

财务高速路在召唤我,我却被卡在了斜坡上。我需要的不仅仅是别人的助推力,还需要新的燃料和新的地图,一张能为我去我所向往的那个世界指路的地图。

是一件有趣的事情把我带到了这个财务的岔路口。我和我的家人那时住在丹佛。在那里,我接触了一些慈善捐款的活动。作为一名志愿者我认识了一些人,他们都很坦率,毫不讳言地表明自己的受教育程度并不高,也不认为自己有什么特殊的天分。但是,他们都很富有。

通过观察他们的言行举止,我领悟到还有一种超越高学历的"聪明"。我承认这一发现令我震惊。我意识到自己还需要学习很多东西，而这些东西与我过去熟悉的那些无关：分数、学位、文凭——以前人们总是认为，只有通过这些，才能获得经济上的保障。这一发现让我产生了一种强烈的欲望：我要过一种完全不同于以往的生活，一种不依赖薪水的生活。我开始寻找一种方法，让我有足够的时间与家人共享天伦之乐、服务社区、追求个人兴趣，同时还能够获得经济上的保障。

与此同时，我也开始相信，伴随着经济独立与自信，我也能获得心灵的安宁。我要找到一种全新的方法，让自己拥有灵活的经济头脑。有了这种想法之后，我就开始搜集我需要的各种信息。我记得自己当时还想到了那句话：只要学生准备好了，老师自然就会出现。

不久之后，我就在自己常去的一家书店里发现了《富爸爸穷爸爸》。在读这本书的时候，我百感交集、心潮澎湃。首先，我感到非常痛心，因为我想起了自己过去种种愚蠢的做法。继而我有一种解脱的感觉，随之而来的就是兴奋。我意识到，这本书不但能告诉我如何摆脱自己过去一手造成的财务混乱，还能指导我实现自己在财务上的梦想，而这一切，只需改变我的思维方式和做事方式。我认为每个人都要根据自己的情况去运用书中介绍的经验。对我而言，这意味着第一步就是让我的丈夫、我的女儿、我的母亲和我未来的外孙从中获益。然后我要传播这些经验，让他人也能从中受益，这种感觉让我非常快乐。

在阅读这本书的过程中，我的信心和勇气油然而生：我要追求更好的生活，既包括经济方面的，也包括情感方面的。

## 学校教育不是万能的

如果我告诉你我是一名医生，你一定会很奇怪我竟然会陷入窘境。我是一名儿科医生，而且嫁给了一名内科医生。上大学的第一周我们就认识了，那时我们都在位于纽约的哥伦比亚大学医学院就读。我的家庭一直非常重视教育。我的祖父母就获得了硕士学位，在那个年代，对非裔美国人来说，这是相当了不起的成就。现在，我和我丈夫都已经40多岁了，我们经常对两个十几岁的女儿谆谆教导，告诉她们接受教育的重要性。

但是，尽管我们都在学术上颇有建树，尽管我们的孩子身体健康、生活优越，尽管我们的收入颇丰（同我们的父母比较而言），尽管我们在社区里人际关系良好，尽管我们的未来一片光明，我还是感觉到我们丢失了一块"拼图"。那块"拼图"就是长远的财务自由。

我和丈夫、女儿们现在生活得非常舒适。我们把收入的一部分用于富丽堂皇的房子、外出旅游和漂亮的汽车。我们每年都尽最大的努力为我们的401（k）退休金计划[①]添砖加瓦。我还经常买很多小摆设、小玩意儿，而我和女儿们根本用不了这么多。尽管表面上看起来一切都完美无缺，无可挑剔，但我不愿承认的是我们花了很多冤枉钱，不为别的，就是为了迎合别人，因为他们认为医生的生活就应该这样。

这种生活方式也导致了其他一些问题。我非常清楚，很多医生都感到筋疲力尽，而且在过去的几年里，医院的经营状况也不是很景气。于是，我开始问自己那个可怕的问题：如果我丈夫打算辞掉、或者不得不辞掉现在的工作，后果会怎么样？因为我们全家的生活来源都靠他的薪水。

9年前，我辞职了。当时，我在洛杉矶儿童医院担任主治医师，负责儿童外科急诊。那份工作的报酬相当可观，但是要求也十分严

---

[①] 此计划是按美国国内税收总署的税收编号命名的。它允许雇主和雇员对一部分收入进行税收递延。

格，要承受的压力也很大。后来我把自己的家庭放在了第一位，全心全意地养育女儿，并照顾当时重病的婆婆。

尽管我顺利地完成了学校的高等教育，在理财方面我却是个彻头彻尾的门外汉。我为经常面临的小额债务而担心，也为"钱途"忧虑。尽管在专业方面我思维敏捷、逻辑严密，在理财方面我却丝毫发挥不出这种优势。我不再像以前在医院工作时那样尽量避免犯错误，而是常常在重复一些愚蠢的行为。

更糟糕的是，我发现自己并不急于返回外科急诊室去工作。我忧心忡忡，却又束手无策，没有任何清晰可行的计划，直到我读了《富爸爸穷爸爸》。读完之后，我如释重负、感激不尽。我开始运用书中介绍的方法为自己制订一份行动计划。我从中学到的越多，就越想学习理财方面的知识。这是一种强烈的感觉，同当初促使我选择医学的感觉如出一辙。这也是改变生活的方法之一。

在我的生活中，改变生活方式是长久的主题。但在过去，这是强加于我的。我并不是掌握家里经济命脉的人，因而也就无法改变家人的生活方式。

## 母亲给我们提供了创作的机会

我的父亲是一名医生。在我两岁、哥哥戴维4岁的时候，父亲就去世了。在接下来的7年里，母亲靠当护士来挣钱维持这个家。那段时间，我们一直生活在新泽西州的卡姆登市，那是我出生的地方。

在我9岁的时候，母亲觉得她已经受够了当地寒冷的冬天，更受不了周围人们的冷眼，他们对我们这种拮据的生活方式幸灾乐祸。母亲决定，我们要搬到法国的里维埃拉①。对我来说，那个地方充满了神秘的异域色彩。我以为我们在那里度过一个夏天，然后就回来，我会继续上我的四年级，当我的童子军。但事实上，我们一直待在那里，直到我18岁——准备上大学的时候。

当然，住在法国的尼斯②也是一段很幸福的经历。那里的学校教育、音乐教育和体育训练（田径是我喜欢的运动项目）都相当不错，而且都是免费的。我能说一口流利的法语，还学了俄语和德语，以及一点儿阿拉伯语。那里自然风光优美、文化底蕴深厚，迷人的海滩更是令人难以忘怀。

尽管只能依靠社会保险和退役军人管理局的福利（我父亲是一名退役军人）生活，我们还是想方设法使自己融入里维埃拉的生活。夏天到来的时候，我们环游欧洲各国。我们在各种各样的宿营地里支起帐篷，晚上就在里面过夜。我们并没有制订周密的旅行计划，只是根据自己的兴致，随心所欲地畅游，这样反而会有意想不到的收获。我们不止一次地观看世界著名芭蕾舞艺术家的演出，比如鲁道夫·努里耶夫③和玛戈特·芳廷④的表演。当这些令人难忘的演出结束后，我们就会回到自己的帐篷里。

这种与众不同的生活方式浪漫而激动人心，它能让我们经常外出旅游，还能近距离接触著名的艺术家。性格勇敢、喜欢冒险的母亲非常珍惜这种生活方式，但我们的经济状况却不容乐观，因为我们不得不依赖那些小面额支票来维持生活。我们经常寄希望于神旨、

---

① 里维埃拉又称"蔚蓝海岸"，是世界上最著名的黄金海岸。
② 里维埃拉海岸上一个著名的旅游城市。
③ 俄裔芭蕾舞蹈家和舞蹈编导家。因他敏捷优雅的动作、优秀的舞台表现，以及和玛戈特·芳廷的精彩配合而闻名。
④ 英国芭蕾舞演员，于1943年加入皇家芭蕾舞团，并于1962年开始与鲁道夫·努里耶夫组成最佳搭档。

勇气和运气。在这种自由自在、快乐逍遥的生活方式面前，那种既枯燥又需要自律的长期财务规划似乎显得格格不入。

我 12 岁那年，母亲决定去希腊度过整个夏天。她与美国领事馆取得了联系，请他们把我们的下一张支票追回来，并改寄到意大利海滨的一个小村庄，因为我们会在那里稍作停留。结果，第一天过去了，支票没有寄来；第二天过去了，还是没有支票的影子；第三天的结果也一样。在第二天晚上，我们用身上仅有的一点儿钱买了晚餐。所以，到了第三天，我们既没有钱买早餐，也没有钱买午餐。我和哥哥都饿坏了。我们感到百无聊赖，就是这种百无聊赖，外加现实的需要，迫使我们做起了生意。

那个时候，我哥哥 14 岁，他非常有艺术细胞。我到处搜集彩色的小石子，把它们磨成细粉，哥哥用捣碎的海藻浆和石粉制作颜料。然后，我们一起在扁平的大石头上涂涂画画：蔚蓝的大海、巨石嶙嶙的海滩、郁郁葱葱的群岛。我们为自己的作品感到欢欣鼓舞，于是又开始画动物和海里的鱼。我必须承认，哥哥表现出来的艺术天赋比我高得多。（若干年后，他毕业于哈佛大学艺术学院。）

晚餐过后，旅游的人们陆陆续续地经过我们身边。那时我们已经画了很多了。接着，有个人问我们一块石头多少钱。就这样，我们做起了生意，而且相当成功，赚来的钱足够我们支付在当地旅馆两天的房费，直到支票寄来为止。

从那时起，在我的心里就种下了一颗种子：如果你需要收入，那么请坦然面对自己，相信自己的直觉。

与此同时，另外一颗种子也在生根发芽。我们住在里维埃拉的时候，那里有很多退休的企业 CEO。认识了他们中的一些人之后，我发现，他们的生活即使称不上奢侈，也都过得非常舒适。我从来没有听过这些人谈论金钱。我不愿承认也不愿讨论我们与他们在经济上的巨大差距。事实上，我为自己感到骄傲，尽管我没有钱，但我身上有很多优秀的品质，例如勤奋学习、努力工作的能力和愿望。除此之外，我还为自己培养了许多其他的品质。

在我看来，讨论关于金钱的话题有失风雅。因此，我从来不谈钱。但是，我始终渴望遇到一位资深的、经济方面的良师益友，而且这个人愿意对我加以点拨，从而激发我身上沉睡的对于理财的兴趣。多年以来，我一直期待这个人的出现，期待他为我揭开财务的神秘面纱，揭示其中的奥秘。在成长过程中，我经常听到许多负面的、狭隘的关于金钱的观点，我希望他能对这些观点进行驳斥：

"赚钱需要本钱。"

"无论你怎么努力，都不会成功。"

"虽然钱不多，但是我们一样可以享受生活。"

"如果你是一个好人，就会过上好日子。"

"富人总是越来越富。"

我记得自己当时还想："我怎么才能踏上'富人愈富'的道路？"

是后来发生的一场地震，让我最终从这场梦里醒了过来，我开始掌握自己的"钱途"。

## 傻人永远不会有傻福

1994年，我和丈夫及两个女儿住在加利福尼亚州。在诺斯里奇地震发生的两个星期之前，我们的保险经纪人来到家里，请我们续签房屋保险，并特意指出她不赞成我丈夫早些时候作出的决定，即拒绝续签每年400美元的地震险。签字那天，由于我丈夫有事不能去，所以他就给我打电话，催我去在那些保险单上签字。

代理人到了之后，我们就开始讨论。我听到她滔滔不绝地向我解释，由于不想在她面前表现出无知而愚蠢的样子，所以我就一直点头、微笑，其实我完全不明白她在说什么。我什么也没问，在所有的文件上都签了字。

在那场可怕的、破坏性巨大的地震发生之后，我们首先得知，家人和邻居都没什么大碍，随后，我们就开始帮忙照顾一些受了轻伤的邻居。我还记得，在那个噩梦般的晚上，邻居们都聚集在漆黑的死胡同里，感谢他们各自的幸运星，因为他们都购买了巨额的地震保险。当时，我丈夫脸色苍白，而我心里则七上八下、惴惴不安。

第二天早上，我与我们的保险经纪人取得了联系，请她把弃权证书给我们传真过来。拿到传真之后，我目瞪口呆：我看到了自己在取消地震保险那一条款下面签的字。

我们在地震中的损失大约是4.7万美元，当时我们的银行储蓄不过才4.5万美元。从此以后，无论签署什么文件，我都要把里面所有的条款都吃透才会签字。

在经历了一场地震和将近5万美元的损失之后，我才认识到，对金钱的无知会使我陷入经济困境。我还深刻体会到"两人智慧胜一人"这句谚语中蕴藏的理财智慧。在此后将近一年的时间里，我都在为自己愚蠢的行为自责，最后我决定要采取行动、迎头赶上。出于责任感，我开始监督房子的重建工作。对我而言，这是一个关键时期，我开始活动我那些久已不用的肌肉。我四处拜访承包商，提出各种问题并认真倾听答案，必要的时候我不再保持沉默，坚决说"不"，我反复阅读合同内容，直到完全理解。

过去在生意场合，我的思维总是很迟钝。但是现在，我发现自己已经克服了这个毛病。我已经敢于在别人面前袒露自己的无知，会不厌其烦地询问每一个细节，直到自己没有任何疑问。现在，我把那些代理商和承包商都看做我的"雇员"：我支付他们报酬，他们根据我的时间和需要来向我传授相关的知识。这样我就能克服自己对失败的恐惧，克服害怕自己被看成外行的心理，得心应手地处理这些事情。

后来的事实证明，我在这个阶段所做的一切，都为日后遇到《富爸爸穷爸爸》做好了准备。

## 实现财务自由的"现金流"游戏

读到《富爸爸穷爸爸》这本书的时候，我就下定决心要对自己的"钱途"负责。我们刚结婚的时候，我巴不得赶快把理财的责任交给丈夫，因为我更愿意相信他能够里里外外一肩挑。他会仔细核对 401（k）计划中关于投资部分的各项条款，而我感觉非常安心，并为自己的丈夫感到骄傲。因此，对于丈夫处理的那些事情，我从来都是一无所知，而且也不愿意去管那些事情。我喜欢自己被别人无微不至地照顾，并且只对花钱感兴趣。平心而论，我绝对不是一个懒人。我的很多同事都觉得我是一个工作狂。但是后来我才明白，在理财方面我的确是懒得费心，因为我不喜欢给自己找麻烦。

后来我丈夫的工作越来越忙，他出差的时候也越来越多，可以自由支配的时间却越来越少，这样我们就很难抽出时间来讨论日益增长的开支。不知不觉间，这种压力让我们形成了不良的消费习惯和不合理的思维方式。因为从短期来看超支显然很容易，而要了解财务状况、克制自己的消费，从而保持收支平衡，相比起来要困难得多。

尽管我缺乏理财技能，但我也知道一定要做些什么来改变现状。于是我让自己本来已经不堪重负的丈夫承担了更多的责任。难道理财不是他的家务事儿吗？如果出了什么差错，难道不是他的错儿吗？如果我超支了，难道他不应该告诉我该怎么节约吗？事实证明我的这些想法都是错的。这个时候我才认识到，当涉及财务管理的时候，我是一个极易上当受骗的人，必须有一个又有时间又有精力的人——也就是我自己——来控制一下我们的经济状况了。

比如说，我们过去总是把自己的股票交给一个财务规划师，由他来全权打理。但实际上这个人只是一个挣佣金的经纪人，他向所有客户兜售的都是以高科技公司为主的股票。尽管面谈时我问的那些问题都切中要害，但是我并不理解他给我的答案，也没有调查其可靠性，这还是因为我不想在别人面前表现得像个白痴，或是对自己没有信心，尤其是当我丈夫在场的情况下。因为当初我丈夫并不愿意聘请他，完全是因为我想这么做才勉强同意的。但我也告诉那个规划师，我可能一开始会听从他的建议，而在财务方面逐渐上手之后会自己作决定。

随后，我开始每天关注我们的股票，阅读每一只股票的招股说明书[①]，并关注报纸和杂志上对这些股票的评论，这些信息让我警觉起来。在我们购买的股票中，一只是朗讯，另外一只是北电网络，另外还有捷迪讯光电公司和康宁公司。虽然在股票方面我是个门外汉，我也知道在这个看似就要崩溃的市场中持有快速下跌的股票实在太鲁莽。于是我不断地追问我的财务规划师和他的同事。

我也打破了以往"不要谈论钱"的禁忌，开始和一些商业成功人士交换观点和看法，直到现在都经常这样做。我会对他们说："这是我对这个问题的看法和分析，你们怎么看？"

与此同时，财务规划师给我回电话的次数越来越少了，于是我果断采取了行动。多亏从富爸爸那里学到的知识，我意识到独立思考是多么重要，我不再只说"是的"了，这是必不可少的。我开始研究财务规划师的执业资格，不但约他们面谈，还通过政府的网站来验证我的选择。在和新的财务规划师见面之前，我已经想好了资金应该如何分配。我这么做有两个原因。第一，我想成为一个能够

---

[①] 招股说明书是股份有限公司发行股票时，就发行中的有关事项向公众作出解释的文件。

独立思考、理智决策的人；第二，我担心他会说服我放弃这些选择。

我们把投资组合完全交给了一个新的财务规划师，这个人在国内业界享有很高的知名度，在财务规划方面获得了最高证书。尽管我们像很多人一样，最终还是损失了25%的投资，但是我们避免了一场灾难，因为我们卖掉了过去所有的股票和基金。而我们从中的获益还远远不止这些。

为了克服害怕犯错误的心理，加深对股票的了解，我经过一番调查，选中了两只股票，然后进行跟踪调查。为了提高自己的水平，我购买了一些股票。一只情况良好，另外一只尽管价格下跌，却具备运转良好、实力可靠的股票的所有特征。这段经历让我知道了获取信息的重要性。控制住财务就意味着，我能决定财务规划师应该做些什么，以及自己应该如何处理。

在我家里也出现了很大的变化。过去由于花钱没有节制，我不止一次让信用卡上出现不良债务，而我却还在心里嘀咕给自己乱花钱找借口，比如"我就应该花这么多钱"，"为了这个家，我已经放弃了当医生的事业"，或者"我丈夫是医生"等等。现在我很高兴，因为以后再也不会找这种"理由"了。

我们非常幸运，因为我们的薪水总能让我们很快摆脱债务。但我也意识到那些由于不良债务而浪费掉的钱再也没有增值的机会了。最终我开始正视自己身上存在的种种问题，不再找借口逃避。我知道家里的现状急需改变，所以决定认真学习理财方面的知识，并为自己制定了切实可行的目标。我再也不会像以前那样胡乱花钱了。

在富爸爸的启发下，我制订出了自己的资产负债表，包括收入与各项支出。每个月的资产负债表不但让我意识到自己过去在理财方面有多糟糕，也让我一心一意地去想办法努力让财务状况好转。这就像在做一个游戏：我们这个月的财务状况会不会更好一些？我永远不会忘记那一天，根据富爸爸的计算方式我们的资产额终于超过了负债额，这都要多亏那笔意外的小财和我们合理的利用。我们亲眼看到资产栏一点点增长，负债栏一点点下降。终于我能够管理好钱的流向了，并准备进行房地产投资。

## 我的游戏过程

首先，我确定了我们所能承受的首付是多少。鉴于我们是第一次投资，两万美元应该比较合适。如果这笔钱是一套房子价格的20%，那么我们能购买的房子总价大约就在10万美元左右。我们很幸运，在一个地方找到了这个价位的、供单户家庭居住的房子。更让我们感到高兴的是，这个地区有很好的学校，环境也不错，而且附近还驻扎着一支军队，这样我们就不愁找不到长期而稳定的房客了。与此相反，我不想把这套房子租给那些工作室，如果那样的话我就不得不经常更换房客。我喜欢双赢的结局，也就是说，对房客而言，他们能以合理的价格在一个环境很好的社区租到一套舒适的房子，附近又有学校。考虑到这些有利因素，房客应该会心满意足并长期租住我们的房子。我们满意这样的结果，因为能按时收到房租，会有持续的现金收入，而且最棒的是，15年以后我们就能还清贷款，到时就会有更多的收入。我们找到的是一套两室两卫的房子，完全符合要求。

在开始找房子之前，我就已经进行了周密的计算。我请求贷方写了一封信，说明我们能够承受多少首付，以及银行愿意贷多少钱给我们。我们的信誉相当好，于是我们的房地产代理人拍着胸脯告诉卖主，把房子卖给我们绝对不会遇到什么麻烦。在此之前，我们先就购买价格与代理人讨论了一番，确定了一个最高价和最低价，这样代理人就可以在这个价格范围内全权做主了。也就是说，在正式谈判之前，一切都已经决定了。我是和我丈夫一起做这些事情的，由于他有稳定的收入，贷方希望他参与进来。

由于我们需要贷款 8.2 万美元，我请求银行按照贷款 15 年、利率 7.25%（这是在 2002 年初春）的标准，计算一下我们应该支付的月供是多少。结果我们的月供是 755.85 美元。我们又问房地产代理人，他能以多少钱把这套房子租出去，他的答案是，以当前的行情来看月租 800 美元，一年以后可能会增加 30～35 美元。但是在计算时我忘了还要支付给代理人 7% 的代理费。我不但遗漏了这笔费用，还忘了计算税费和保险费。下面是我在纠正自己的错误之前为购买这套房子所做的收支明细，房子的价格为 10.35 万美元（见下表）。

| 投资房地产需要支付的现金 | |
| --- | --- |
| 首付： | 22930 美元 |
| 由我们支付的房地产买卖手续费： | 2676 美元 |
| 由我们承担的修理费／翻新费： | 0 美元 |
| 合计： | 25606 美元 |
| **每月现金流分析** | |
| 房租收入： | 800 美元 |
| 每月支出： | |
| 管理费： | 56 美元 |
| 月供（贷款 15 年，利率 7.25%）： | 755.85 美元 |
| 总支出： | 811.85 美元 |
| 每月净现金流： | −11.85 美元 |

就在欢天喜地地打算买房子的时候，我们发现了这个问题。不但每月出现赤字，其他的一些费用也没有计算在内，如税费、保险费和代理费。这样一来，这套房子的投资就亏了。

现在我明白问题出在哪里了。我原计划用我们现有的一套房子的收益来支付新房子的房产税和保险，以及日后的维修费。但是这样的计算方式太模糊了！12年前，出于投资目的，我们曾在南加利福尼亚州买了一套供单户家庭居住的房子，价格是10.1万美元。几个星期以前，这套房子的估价是15.6万美元。我们每年为这套房子花费2100美元，通过房租可以净赚963美元。我以为这笔收入足以支付新房子的各种账单，但是我错了。

在获得了更多的数据之后，我发现如果我们贷款30年（我太急于完全拥有这套房子的产权了，因此最初决定只贷款15年），这套房子就能赢利。那样的话，每个月需要偿还的贷款额将从现在的755美元下降到500美元，我们就会有足够的资金来支付税费和保险费（房产税大约每年1298美元，业主保险是309美元，地震保险是252美元）。只要略有盈余，就能支付维修费，并作为储备金以备不时之需。下页的表格就是我修改之后的购房明细，最右边的那一栏里是房租上涨到850美元之后的数字，从2003年5月开始。

尽管刚开始计算的时候我犯了错误，但我还是为这盏迟来的"灯泡"终于亮了而激动不已。我亲自做成了一笔生意，在这一过程中还吸取了一些教训，这段经历的价值是什么都代替不了的。更让人高兴的是，我知道自己错在哪里，知道应该怎么纠正。起初我只是打算在距我们以前那处房产不远的地方再买一处房产，为避免上当受骗而在15年之内还清贷款。读完"富爸爸"系列，我从中学到了很多，我改变了主意，进一步修正了我最初的明细，也就是说，由原来的亏损变为赢利，现金的现金回报率也提高了。在不久的将来，我还打算再次筹集资金，作为首付购买一处新的房产。

**每月现金流分析**

房租收入： 800 美元　850 美元

每月支出：

房产税： 108.17 美元

保险费： 25.75 美元

地震保险： 21 美元

维护费： 0 美元

储备金： 45 美元

管理费（房租的 7%）： 56 美元　59.50 美元

月供（贷款 30 年，利率 6.5%）： 520 美元

总支出： 775.92 美元　779.42 美元

每月净现金流： 24.08 美元　70.58 美元

**现金的现金回报率（现在）**

每年现金流：

（24.08 美元 ×12）： 288.96 美元

现金投资金额： 25606 美元

现金的现金回报率： 1.1%

**现金的现金回报率（将来）**

每年现金流：

（70.58 美元 ×12）： 846.96 美元

现金投资金额： 25606 美元

现金的现金回报率： 3.3%

我打算以这种方式购买更多的房产。我计划的第一步是，拥有10处房产。在15～18年之内，从出租这些房产中获得收益，将使我们的退休收入大大增加。

## 齐心协力的结果

第一次做这样的事情，的确要耗费大量的时间和精力，这甚至令人望而生畏。所以在这个阶段向一些资深顾问或志同道合的朋友请教就显得尤为重要。我很幸运，因为我意识到了这一点的重要性，并且有幸成为了"富爸爸"培训项目的成员之一。

在进行房地产投资的时候，如果遇到障碍、困难或是细节上的问题而能够向那些有经验的人咨询，是非常有益的。我经常问的问题包括："如果换了是你，你会怎么做？""你当时遇到这种情况是怎么处理的？""我应该了解些什么？""你以前犯过什么错误？""我怎样才能避开这个障碍？"

我的投资团队包括：

- 一位出色的、著述颇丰的律师。他正在为我们制订一个新的房地产投资计划，因为我们居住的州属于"共同财产州"[①]。同时他还在将我们的房产转化为有限责任公司。

- 一些私人银行。他们为我们提高了信用贷款的最高限额，并为我们提供了私人银行的服务。

- 房地产界的业内人士（代理人和经纪人）。这些人分布在好几个州，而且数量还在不断增加。

- 一位会计师和一些经验丰富的、来自我们购买房产的那个州

---

① 在"共同财产州"，夫妻在婚后取得的大部分财产在离婚时可以平均分配。

的税务局和税章审查委员会①的人。

● 一些顾问。这些日子里，当听到"事实上，我的看法正好与你相反"这样的回答时，我已经不再像以前那样害怕了。我不断地从这样的交流中汲取经验。我的顾问对我很满意，因为我在与他们进行面谈之前，总是做了精心的准备。

不久之后，对于如何处理丈夫的再投资②和他前一份工作中得到的一次性退休金——怎么才能让这笔钱最大限度地升值，我和我丈夫作出了决定。我们决定多看书、多听磁带，然后克服自己的恐惧心理，积极行动起来。我们的策略包括，寻找一些见多识广的人，向他们进行详细咨询。在学习结束之前，我们打算把这笔钱存起来，不急于投资。

我发现在投资的过程中最困难的就是，从简单地想想而已到切实地采取行动。与此同时，我也学到了不少关于金融和借贷的知识，还有如何敲开银行的大门。只要你愿意为之努力，你就能找到无数的机会。

清崎的富爸爸说得对。我还学到了在学校里学不到的东西：在理财方面没人在乎你是否有高学历，这是我学到的最珍贵的一课。我的思维方式从"这是我的学位证书"转到了"这是我的财务报表"，这改变了我的一生。现在我运用在医学院获得的良好的学习技能，来学习、吸收大量的财务知识。

在教育女儿方面，我也迈出了大胆的一步。多年以来，我一直

---

① 税章审查委员会的主要职责是监督税法公平、公正的实施，它关注的范围包括房地产税、营业税、特别产业税等。

② 把从短期证券得来的利润重新投入另一类似证券的做法。

教导她们要好好学习,朝着常春藤盟校①的方向努力,因为她们的父母就是勤奋地沿着这条路走过来的。但是现在我已经意识到,实现财务自由的道路远远不止这一条。我们告诉她们赚钱的方法有很多,希望她们明白自己究竟要怎样选择。她们可以选择一条更加轻松的道路,不必像我们那样吃苦受累,她们还可以早点学会让钱为她们工作。

现在,我们的两个女儿(其中一个已经上大学了)都有自己的投资账户。因为我让她们与财务规划师见过面,所以她们都知道什么是复利和复利增长。我们并不是把零用钱直接放到两个女儿的手里,而是要她们自己学会如何使用银行系统,知道自己的账户里有什么、没有什么。我们都在不断地学习。和我们一样,她们也是通过不断尝试、不断犯错误来学习的。

我们鼓励两个女儿现在就考虑购买房地产,为自己创造被动收入。随着年龄的增长,她们的财务知识也会增长。

我母亲也加入了我们的家庭投资计划。最理想的是,她可以找到一套免地租的房子来投资。我现在正想办法争取在时机成熟时把这一设想变成现实。

为了获得成功,我还需要面对最后一个挑战——我必须改变自己多年来养成的某些习惯,包括不再乱花钱,克服对数字的恐惧心理,学会理财;高效率地处理各种邮件和商业合同,不再让大量未拆封的邮件堆满桌子;在家里就把工作日程安排好,到办公室以后就开始工作,而不是找各种借口不遵守日程安排,等等。这是一个学习的过程,和其他任何事情一样。

---

① 一组以学术成就及社会地位著称的名牌大学,包括哈佛大学、普林斯顿大学、耶鲁大学、哥伦比亚大学、康奈尔大学、布朗大学、宾夕法尼亚大学和达特茅斯学院8所大学。

## 我们能一一排除障碍

罗伯特·清崎在他的书中提到过各种阻挡人们前进的障碍。我想现在你应该知道了，恐惧就是我遇到的最大障碍之一。我经常感到各种各样的恐惧。我担心如果我赚了钱，会有人排斥我；我害怕如果对家里的经济问题管得过多，会打破婚姻关系中的平衡；当然，我还经常害怕自己表现出难以胜任、好像不能挣那么多钱的样子。由于我的高学历，许多人都想当然地以为很多基本的财务问题我都了解。其实他们错了，我是在46岁时才第一次让我的支票簿实现收支平衡的。

除此之外，我还有很多不好的习惯。其中之一就是，总觉得自己有权大手大脚地花钱——有时候，我这么做只是想让某些势利的服务员或接待员明白，他们不应该根据一个人的肤色来判断他有没有钱。我还有一个坏习惯，就是把他人的需要看得比自己的更重要，这样我处理自己生意的时间就少了。

## 生活方式上的新变化

在富爸爸的教导下，我已经百分之百地掌握了自己的"钱途"。在此之前，我一直为我们的经济状况担忧。现在，我对此充满了希望。我正在采取各种措施，为实现完全的财务自由而努力。在这一过程中，我觉得自己和那些已经踏上财务自由之路的人有了共鸣。

多年以来，我第一次对这种对待财务的新方式产生了兴趣。现在为了购买更多的房产，并对它们加以管理，我还有很多事情要做，只有这样我们才能最终实现财务自由。对于我们的未来，我充满了期待。但是，一旦我实现了目标——拥有10处房产——我很难想象自己会洗手不干，因为这一切实在是太有趣了。

现在，我比以往任何时候都更加相信，一个人可以纠正自己的错误，并从中学到很多东西。我从富爸爸那里学到的东西是多么有用啊——而且，我不用去学校。

# 第6章
# 该出手时就出手

里德·施魏策尔

印第安纳州，沃纳塔市

很长时间以来，我都不善于理财。尽管从20岁左右起，我就开始赚很多钱——我是一个推销员，根据业绩来提取佣金——但我对自己的账单和财务状况一直稀里糊涂。可想而知，我之所以会遇到财务问题，完全是由我自己不善理财造成的。由于总是使用信用卡，花钱没有节制，我经常陷入财务危机。

在花钱方面，我总是缺乏自制力，因此我从来也不知道怎样处理财务上的各种状况。久而久之，不稳定的收入自然也影响了我的生活。我害怕自己有一天会变得一贫如洗，因此在推销的时候我总是小心翼翼、诚惶诚恐，结果适得其反，销售业绩反而不断下降。于是我陷入了这种恶性循环。

直到我开始追逐自己的梦想，从事建筑和房地产方面的工作，我的收入才稳定下来，收支状况也逐渐步入正轨。我开始采取行动来实现自己的梦想，并获得财务自由。我相信，只要从事自己喜欢的职业，钱就会随之而来。很早之前我就发现了这一点。

## 对工会的依赖

在我十二三岁之前,家里一直很穷,这与当时的经济形势有关。20世纪70年代末80年代初,经济衰退使得许多建筑工程被迫中断了,我那任劳任怨辛苦工作的父亲——他是驾驶起重机的,也是"共好"①协会的成员之一——也丢掉了工作。于是他只好找到什么活儿就干什么,但我们的生活依然非常拮据。当然,我的母亲、两个妹妹和我都有容身之地,而且我们的饭桌上也总有充足的食物。但是我们只能去基督教救世军②买东西,而不是到J.C.彭尼连锁店去购物。因为我们没有多余的钱,只能靠父亲微薄的薪水艰难度日。

经济不景气结束之后,父亲又有了稳定的工作,作为蓝领阶层——我们住在印第安纳州的西北部,靠近密歇根湖——我们的生活水平有了很大提高。

但是,我永远忘不掉贫穷的滋味。我意识到,为别人或者一个大公司工作,并不能解决长期的经济问题。即使我父亲后来又有了正式的工作,而且收入不菲,我的父母也没有把省吃俭用得来的钱用于投资,理由很简单:他们根本不知道应该如何投资。他们有一个根深蒂固的观念,那就是工会会照顾我们。保险单、退休金、储蓄……所有的一切都与工会紧密联系在一起。有意思的是,尽管父亲把一切希望都寄托在工会上,他却不希望我走他的老路。因为他已经认识到,他的一生陷入了一个负债和消费的无休无止的循环圈里,不但他自己的一切,而且他全家人的生活都完全掌握在别人的

---

① gung ho,美国俚语,源于中文"共好"的谐音,被用来形容人们执行任务时同心协力、干劲十足、无私奉献的精神。

② 一个国际救助和慈善组织,由威廉·布思于1865年建立。

手里。由于要偿还住房按揭贷款，还要供养另外4个人，他无法想象把钱用在别的地方。对他而言，任何投资都有很大的风险。

与此同时，一种完全不同的生活方式也摆在我面前。我的外祖父经营着一家建筑公司，因此他一直有稳定的经济来源。他不仅拥有舒适的房子、崭新的汽车和永远鼓着的钱包，他看待事情的角度也和我们截然不同，因为他不需要为别人工作。他还向教堂捐了很多钱，这更是我们无法做到的。

现在回想起来，我最初从事自由职业或是自己创业的想法，就来自我的外祖父；但是，我的职业道德无疑来自我的父亲。

## 少年商人

上初中的时候，我就开始工作了。我按照传统的做法，去为别人修剪草坪。做完一家后，就继续去敲周围住户的门，为自己"扩大业务范围"。(不止一个朋友认为我是个傻瓜。他们说："这么热的天，干吗自己找罪受？"我没有理睬他们，只是不断把收入装进自己的腰包。)

上大学以后，我好像有机会实现父母的梦想了。他们认为，4年的大学生活结束后，我会顺利地毕业，然后进入一家大公司工作，成为一个白领。我甚至可能成为一个股票经纪人。(要么当股票经纪人，要么当棒球运动员。在学校的棒球队，我是接球手。我甚至尝试进入克利夫兰的印第安队和巴尔的摩的金莺队。但是很遗憾，我未能入选。)

但是，我在内心深处始终想要自己当老板。此外我很清楚自己的性格，我不喜欢让别人对我发号施令，我知道做白领这条路无论对我、还是对雇用我的那家公司都不适合。在面试的时候，那个招聘者很明确地告诉我，作为一个新手，要想当一名优秀的股票经纪人，至少要把前两年时间花在给潜在客户打电话上。

大学三年级的时候，我看到一个招聘广告，于是去应聘那份推销工作。8个月后，我已经做得相当好了，还因此获得了一家真空吸尘器公司的经销权。我购买了存货，成了公司的所有人。我负责两个办事处，还要培训销售人员和掌管财务。对一个20岁的人来说，能够做到这个份儿上已经不简单了。

在大学学了3年的财会专业之后，我就退学了，开始管理我亲手创建的销售队伍。我比我的教授赚的钱还多，这也是促使我下定决心的另外一个原因。我的父母因为我没能拿到学位而非常失望，尽管我后来通过在一所社区大学进修获得了一张企业管理的副学士学位。

尽管我是一名优秀的推销员，我却不知道如何经营一个企业。我要管的事情实在太多了。尽管销售情况一直相当好，但公司的账目却一塌糊涂。我的确赚了很多钱，但是每周工作80小时甚至更长时间，以及需要缴纳的各种名目的税款，简直要了我的命。我的员工也在不停地流失。

那个时候我还不够成熟，不知道如何管钱，更不用说全权负责公司各方面的业务了。年轻气盛的我太骄傲了，根本不屑于请求别人的帮助。因此，我没有请顾问，没有请律师，甚至连会计师都没有，我试图自己来处理所有的事情。结果，我输得很惨。18个月后，我终于放弃了。

这次经历之后，我又开过一家建筑公司和一家专门负责促销的公司。第一家公司是我和表弟合开的，只维持了两年时间。从这段经历中，我又得出一个经验：我虽然懂建筑，却算不上一个精明的商人。我之所以开办第二家公司，是因为看了一个相关的电视网络营销节目。这个公司只维持了短短几个月，就宣告破产了。

开办这3家公司，我前前后后一共损失了1.5万～2万美元。

很不幸的是，我没有从第一次的失败中吸取教训。之后，我又接连两次犯了同样的错误，遭遇了同样惨败的结局。最终我认识到，无论是谁，要想做生意，都必须获得专业的支持，这样才能保证公司各个方面的正常运转。没有人能够或是应该无所不能。如果你是一个推销员，那你就专心致志地从事推销工作，不要试着去做会计或律师，或是任何一份你不擅长的工作。那样，只会伤害你自己。

## 恐惧心理在作祟

接下来的3年里，我受雇于一家公司，这家公司建造并销售模数制①房屋。这份工作让我赚了一大笔钱（但是，我依然没有学会理财）。然后发生了一件事情，改变了我对工作和未来的认识，尤其是对恐惧心理的认识。

对我来说，恐惧是一个巨大的障碍。就在我买《富爸爸穷爸爸》这本书的时候，有一桩生意着实让我吓了一跳。我帮一个人做生意，他从这桩生意中净赚了8万美元。然后，他付了我1500美元的报酬，感谢我为他在这桩生意中所做的安排。

我开始在脑子里回想这桩生意的始末，我意识到一些以前从来没有考虑过的事情。这桩生意是我做成的！我知道该做些什么，也知道该怎么做，但是我害怕自己一个人从头做到尾。因为害怕，我使我自己和我的家庭损失了8万美元。这简直太不可思议了。

如果不是因为急需那1500美元，我甚至不会把那张支票换成现金。这张支票让我觉得难受。我立即作出决定，就这么办！从现在

---

① 所谓模数制是指为了实现设计的标准化而制定的一套基本规则，使不同的建筑物及各部分之间的尺寸统一协调，使之具有通用性和互换性。

开始，我要鼓足勇气，自己来做生意。显然我一直知道应该怎么做生意，是时候收获生意成功的果实了。我再也不要让自己忙前忙后，最后只拿一点儿零头，却眼睁睁地看着别人发财致富。我看到别人在做我想做的事情，每月从我想购买的那块土地上获得成千上万的收入。我迫不及待要作出改变。

在读完《富爸爸穷爸爸》之后的两个月里，我开始进行房地产投资，因为当时可以说是万事俱备、只欠东风了。读完书以后，我觉得自己更善于把握机会了。在我供职的那家公司里，总是有客户找上门来，他们想在印第安纳州的某些地方寻找一片土地，建造自己的家园。解决这一问题的办法就这么简单：在人们想要购买土地的地方买土地，再把这些地卖给他们。

问题是，客户最感兴趣的两个地方现在都只剩下大块的土地了。尽管我一再提醒公司注意这一现象，他们却无动于衷，没有采取任何行动。于是我采取了行动。

## 我的游戏过程

我找到了解决这一问题的办法：把大块的土地分成小块儿，分开来卖。这件事情做起来比我想象的要容易。我的第一个工程是位于印第安纳州的切斯特顿的一块土地，总面积在 2 万平方米以上。我是从一个家庭信托公司[①]那里买下这块土地的。多年以前，那个家族就把这块土地分成了 3 块，这样其他家庭成员就可以在上面盖房子了。我很幸运，因为我不用支付工程费和测量费。这让我节省了至少 3000 美元。

尽管对方开价 9 万美元，但我最初的报价只有 4.5 万美元，因

---

① 家庭基于财产管理和免税等原因而设立的信托。

为当时我正在找下家。据我分析，每块土地的售价大约在 3 万～3.3 万美元之间，我相信自己会大获全胜。此外，如果我能以 4.5 万美元把它买下来，再转手把它卖出去之前，我每个月大约只需支付 300 美元，这个价格也不难承受。

得知我的报价之后，对方还价 5.5 万美元，但是我丝毫没有被他吓倒。我已经联系了好几个客户，建议他们驱车到现场看一看，然后告诉我他们的想法。我告诉他们，那个地区有几处土地可供出售，问他们是否感兴趣。有一个客户当即就回电话，告诉我他对那个地方非常满意。他说，他愿意花 3.1 万美元在那个地区购买一块土地。就这样，第一笔生意就做成了。我知道，我一定要买下那片地。

我自己需要交 10% 的首付，加上刚卖出去那块地收到的 3.1 万美元，我只差不到 2 万美元就能拥有另外两块土地了，而这两块土地的估价是 6 万美元。根本不用再考虑，我接受了卖主 5.5 万美元的还价。

由于这个地区的房子很抢手，我找到了一个一年息的贷款①，利率是 4.75%。那个地区的地价行情看涨，所以，我有十足的把握，把 3 块地都卖出去。此外，我的贷款可以延期。第一年到期之后，如果我的地没有卖出去，我可以以现在的利率继续向银行贷款。我支付了一共大约 1000 美元的利息。

事实上，不到 6 个月，我就把 3 块地都卖出去了，总价格是 9.3 万美元，而他们的估价是 9 万美元。尽管我因为下水道问题意外损失了 1 万美元，但我还是轻而易举地赚到了 2.7 万美元。很简单：9.3 万美元 −5.5 万美元 = 3.8 万美元，3.8 万美元 −1 万美元 −1000 美

---

① 一年息的贷款是指在还款的第一年,利率是固定的。一年之后,利率可能会有所改变。

元＝2.7万美元。

我的第二次投资同样一帆风顺。我给一个房地产代理人打电话，向她咨询一些毫不相干的事情，结果她问我是不是在做一些租赁房产的生意。我当然说是，她就告诉我有一处房子，价钱是4万美元。我去那里看了看，觉得没什么兴趣。但是它周围有面积为16.2万平方米的土地，这块地让我产生了浓厚的兴趣。她那里也有这块地的报价，而且这处房产和土地都属于同一个人。对方的开价是4万美元，包括房子和约1.2万平方米的土地；其余约15万平方米的土地要价20万美元。也就是说，房子和那块地的总价是24万美元。

我的第一次报价是15万美元，连房子带那块地一起买。我已经了解到，以前住在房子里的那位女士已经去世了，也就是说，这极有可能是一处遗产。然后，房主还价20万美元，而且只是土地的价钱。我还价16万美元，要全部买下。然后，他们再次还价17万美元。我喜出望外！我只花了17万美元，就买下了一套房子和一块约16.2万平方米的土地！

这一次，筹集资金比较困难。我必须先筹到30%的首付款。我的确刚刚赚到一笔钱，但没有5.1万美元那么多。我想起清崎曾经说过，在富爸爸面前他不能说"我付不起"这样的话，因此，我必须这么想："我怎么才能把它买下来呢？"

于是，我去找了一个在银行当经理的朋友，他愿意做我的合伙人。我们一起凑齐了首付款，把那块地连同房子买了下来。接下来，我们花了大约5000美元，进行土壤测试和调查。7个月后，我们就卖出了10块地中的7块，一共卖了22.9万美元。这样，我们的账上就有了5万美元，而且我们完全拥有其余3块土地，一分钱也不欠。这3块地我们一直要价10.3万美元。如果把它们都卖出去，那么我们每个人会获得将近8万美元的利润！

在贷款期间，我们偿还了大约 3000 美元的利息。我们还把那块地分成从 8100 平方米到 4.05 万平方米不等的 10 小块，开价在 2.8 万~5.4 万美元之间。

那套房子已经破旧不堪了，因此我们把房子推倒，把那块地卖了 2.8 万美元。事后回想起来，那可能是一个错误，因为这样我们就无法从这套房子中获得被动收入了。在如何处理这套房子的问题上，我和我的合伙人有分歧。我想把房子翻修一下，然后租出去，或者干脆卖掉。但是他说服了我，现在我们两个都为这个做法感到懊悔。尽管我们犯了错误，还是把它卖了 2.8 万美元，所以我觉得还不算太糟糕。把那块地卖掉之后，我们还净赚 1.9 万美元。真希望每次犯错误都能赚这么多钱。

最近，其余的 3 块地也都卖出去了。下面就是这笔交易的全部明细：

| | |
|---|---|
| 土地价格： | 170000 美元 |
| 土壤测试／调查： | 5000 美元 |
| 利息： | 3000 美元 |
| 拆房子的费用： | 1000 美元 |
| 总成本： | 179000 美元 |
| | |
| 总售价： | 323000 美元 |
| 总成本： | 179000 美元 |
| 利润： | 144000 美元 |

我们是在大约一年之前把地卖出去的。我在这笔交易中投入的时间不到 20 个小时，可获得的净收入是 7.2 万美元，也就是说，我每小时能赚 3600 美元。我的自由时间是无价的，要知道，为了能以

这样的速度赚钱，我做了多久的准备。

不幸的是，我就职的公司认为我的房地产投资和公司的利益相冲突。因为，我打算把我所拥有的土地上即将建起来的房子卖给我的客户或其他的销售人员。6个月之后，我觉得是时候离开公司了。

在不到6个月的时间里，我在另一家建筑公司找到了一份新工作。这个公司允许我自己安排工作日程，鼓励甚至帮助我进行房地产投资。因此从技术上讲，我成了一个转包商，这样我就可以来去自由，有足够的时间扩大我的投资了。我抓住这次机会，迅速融入了新公司。

我现在做的这桩买卖前景非常可观。几个月前，一个同样做房地产生意的朋友给我介绍了一个机会。他的一个客户由于离婚，急于处理掉一块面积约3.2万平方米的土地。按当地的行政区划，他的客户觉得那块地可以分成3小块。我对那块地作了一番小小的调查，发现有1.6万平方米在市区范围之内。也就是说，由于不同地区对建筑物和街道之间空地面积的要求不同，我可以把这块地分成6块，而不只是3块。

房主开价5万美元，我报价2.5万美元。他根本没有给我答复。我等了两个星期，然后就给他打电话，重申了我的报价。当时他正被离婚的事情弄得焦头烂额，因此急于把那块地处理掉。于是，我把报价提高到了3万美元，并承诺在两个星期之内就结束这笔交易。这个时间期限对他来说的确很有吸引力。两个星期之后，我付给他3万美元现金，这是我从前面两宗交易中赚到的钱。（尽管我们的账户中有之前赚到的钱，但我们仍决定用现金进行交易。我知道没有利用银行贷款来买这块地违反了富爸爸的某些原则，但是由于卖主当时正身陷困境，急需现金，所以我很乐意帮他一把。如果我们也需要现金,那很容易做到,只要申请房屋净值贷款①就可以了。所以我们最终还是付了现金。)

那6块地的总开价是12万美元。不到一个月,就有人买走了其中一块。现在我们已经卖掉了两块,总价是3.58万美元;还有4块,每块开价1.79万美元。由于不需要支付利息,再加上测量费用大约是2500美元,这几块地能让我从中赚到大约7.49万美元,而我付出的时间只有不到10小时而已。

最近,我和我的合伙人买了一套3室1卫的房子用于投资。我们支付了4.65万美元的现金,并用不到5000美元进行了维修。短短5天时间里,就有人报价8.89万美元。两个星期以后,我们就拟订了合同。

通过做房地产生意,我已经赚了10万美元。但最重要的是,我现在完全拥有9块土地,总价值是22.3万美元。我还踌躇满志地想要继续进行这方面的投资。现在,我正在联系一宗土地交易,面积约23万平方米,可以分成44块。随着我经济实力的不断增强,我的投资规模也会渐渐扩大。

现在我是一名自由职业的房地产投资顾问,同时也进行房地产投资。我打算明年开一家销售中心,为购房者提供一站式服务。这样一来,客户就可以自己挑选中意的土地和房子的款式,同时向银行申请贷款。在这样的交易中,每个环节都能为我带来利润。

## 一旦开始,就无法停止

我今年的计划是,在附近的一块地上设计并建造一幢小型商务

---

① 房屋净值贷款是借款人以所拥有住房的净值(房产估值减去房贷债务余额)作为抵押或担保获得的贷款。

中心。这里将有400套新房，一幢公寓楼和一些联式房屋。离这里不到两公里，有一所大学和两个很大的停车场。在我看来，这里完全可以建一个有6～7个单元的小型商务中心，包括一个比萨店、一个烟酒店、一个美容店，并供应其他商品和服务。我计划拥有两幢这样的楼，包括3～4个门面店。

我的五年计划是，每个月的被动收入达到1万美元，而且没有不良债务。要实现这个目标，今后每年购买3处租赁房产就可以了。到那个时候，我35岁，我妻子33岁，我们的儿子也有6岁了。我可以高枕无忧，也能考虑提前退休，并给自己放一年假，回顾过去取得的成就，计划自己的未来。尽可能与家人一起享受天伦之乐是我最大的心愿。然后，我会继续投资于一些还未上市的公司，甚至帮助它们上市。

回首自己一年前的生活，与现在简直有天壤之别。那个时候，我从事着高薪的工作，却不知道自己的未来究竟会怎样。每个工作日我都必须待在办公室里，从早上9点到晚上7点，和客户面对面交流的时间只不过两三个小时而已。这严重束缚了我的自由。而现在，我可以自由自在地四处搜寻房产了。我早晨起床后甚至还可以陪儿子玩一会儿，然后再去帮助别人买房子，去施工现场看进度如何，尽情享受生活。我的全部世界就是我的客户，因为我拥有土地。

让我感到最高兴的是，我对投资的恐惧心理已经一去不复返了，取而代之的是接二连三的成功。现在，我对自己充满信心，因为之前累积的经验，只要看到一桩生意，我就能迅速判断出它是否有利可图。这就好像打棒球一样，一旦你击中了球，你就不会害怕跑不回本垒。进行房地产投资也是一样，一旦你尝到一点甜头儿，你就想一直打下去，再次击球，而且希望一次比一次击得更远。

## 该出手时就出手

只有勇于站出来的人，才能果断地抓住机会、不断前进。我相信，我们生活在最伟大的国家，发财致富的机会比历史上任何一个时期都多。如果你不抓住这些机会，就一定会后悔的。所以，积极采取行动，实现财务自由吧。即使第一次失败了，你还会有很多机会的。在棒球中，你出局之前有 3 次机会呢——况且，即使这次出局了，也还有下一轮等着你。你需要做的，就是耐心等待。有一件事是确定无疑的：如果你不去争取机会，那就无异于失去了机会。

# 第7章
# 金钱是善的根源

丹·麦肯齐

北卡罗莱纳州，格林斯博罗市

  金钱是万恶之源，这就是我从小接受的教育。那些有钱人都是神经病、骗子，是人类受苦受难的根源，或者是三者兼而有之。这些看法在我们的家族里根深蒂固，我那愤世嫉俗的父亲对此更是深信不疑，因此我也被打下了深深的思想烙印。显而易见，人类自从摆脱打猎和采集的生活之后，就开始一步步走向黑暗和毁灭。你越成功，就越沉迷于当时的教育和政治制度，你被洗脑的程度也就越厉害。经济上的成功，不但没有被视为成就，反而成了堕入地狱的表现。再没有什么比自欺欺人、浪费时间去想赚钱更愚蠢的事情了。这样做无疑会让你陷入万劫不复的深渊。

  显然，有一个巨大的障碍影响了我对金钱的认识，更不用说获得成功了。我知道自己有很多东西要学，却没有可以请教的人。在我身边，没有人试图翻越那座高墙，去争取财务自由。最糟糕的是，对于理财我没有一个清晰的、长期的方向，也不知道该怎么赚钱。必须在不断尝试、不断失败中学习。我经常干些事倍功半的事儿，先前进两步，接着又后退三步。我的经历似乎不止一次地验证了那些经常回荡在我耳边的教诲。

我周围的很多人都很安于现状，他们几乎或者从来不去想，为什么日子会是现在的样子。但我和他们不同。我家里共有8个孩子，我排行老五，或许这就是我不肯安于现状的原因。我竭尽全力去摆脱在小时候别人给我灌输的恐惧、愤世嫉俗和其他的消极情绪，我想找到属于自己的路。我经常琢磨，为什么在这个世界上有的人要什么就有什么，而有的人却连最基本的生存需要都难以得到满足？我小时候一直过着后面那种生活，但是希望自己能过上前面那种生活。也许父亲的话是对的，但我想自己找出答案。

我以前一直认为努力工作就是答案。因此在高中毕业前的两年里，当我的同学都在参加体育运动和课外活动时，我把课余时间都用来翻动油炸圈饼，这份工作能让我每小时赚到1.5美元。从那时候开始我就意识到受雇于人不是我的目标，但我又不知道自己究竟应该做什么、怎么做。高中毕业之后，我学了木工，成了一名专门制作精制家具的木匠。这一行起初是手工定做上等木质家具，后来渐渐发展为用刨花板和富美家防火板大批量生产家具，于是我对这份工作失去了兴趣。

之后，我又在家乡俄亥俄州的好几家赫赫有名的大公司工作过，但最后都以辞职告终。许多朋友对我冷嘲热讽。我究竟想干什么？为什么要放弃人们趋之若鹜的工作？

那是因为我注意到了更重要的事情。对于我所从事的每一份工作，我都会拿着一个笔记本，计算我的各项花费，以及此后20年里我的收入情况。即使加薪了，我的生活也不会有什么质的变化。无论从事什么了不起的工作，我都不知道怎样才能过上我渴望的那种生活——即使是以最乐观的情况来计算加薪。每当自我反省的时候，我都会想起父亲的脸和他说过的那些话："你这是在浪费时间……你不可能战胜那些制度，还是放弃吧……"就像一支跑了调的歌不断在我耳畔回旋一样，父亲那些泼冷水的话也没完没了地在我耳边回响。那么，我还能做些什么呢？像父亲那样逃避社会、过隐士一样的生活？不，我很高兴自己并不喜欢那样的生活方式。我想过有钱人的生活。那时候我下定决心，一定要实现以下几个目标：

1. 30岁以后成为百万富翁。
2. 周游世界。
3. 拥有两套房子，一套在美国，一套在海外。
4. 见到法拉·福西特[①]（无论如何，当时毕竟是20世纪70年代）。

随之而来的是一个大问题，它阻碍着我，我迟迟作不了决定：尽管我知道自己有才能，我还是感到很茫然，因为我不知道自己前进的方向。我不知道自己该往哪儿走。尽管如此，我还是不断找工作，不断尝试，不断犯错误，不断在事业上取得进展。最后，我终于在自己就职的公司里获得了通常只有大学生才能获得的职位。我曾经想上大学，但我总是马不停蹄地在世界各地奔走，因此我根本没有时间待在学校里完成4年的课程。就在我的高中同学们完成他们的"高等"教育的时候，我已经去过50多个国家，足迹遍布几百座国际大都市了。

不过，那个时候我还没有意识到，周游世界让我有机会接触到形形色色的人，他们都有积极的心态和能获得成功的良好习惯。这种积极的生活方式让我看到乐观向上、争取成功和安于现状、不思进取两种态度的巨大差别。

当别人问起我是哪所大学毕业的时候，我总是告诉他们（现在还是如此），我毕业于"挫折大学"，获得了"成就"这个学位。的确，

---

[①] 美国电影演员，曾主演《燃烧的床》。

我是在挫折中不断学习的。

但是，我还是无法摆脱收入上的困境。在我的工作经历和我父亲一直试图向我灌输的那些观念之间，似乎有某种可怕的联系：你希望获得的成就的大小，完全取决于你个人能力的大小；一个人能对他人作出多大贡献，取决于他对自己的认识。我开始意识到，这是两种不同的思维方式。在我父亲的思维方式（完全是被习惯牵着走，而不是用大脑去分析）中，只有接受与储存的概念，完全是消极、被动的。他固执地认为一定要保住"自己的所有"，而不是去为他人发现或创造价值。我也是渐渐地才意识到，原来还存在另外一种思维方式，那就是创造或者增加价值（富足／给予），这才是积极向上的。我想方设法挖掘自己的潜力，发挥自己的才能，这样我不但能创造更多的价值，自身也充满了活力。在作为雇员为他人工作的时候，我并不觉得自己为他人的贡献多么有意义，或多么重要。回想起童年时代向往的"打猎、采集"式的自给自足的生活方式，我意识到问题在于这种简单的生活方式没有回报他人。也就是说，这种生活方式缺乏为他人作贡献的含义。如果把金钱当做唯一的目标，赚钱的方法会有成千上万种，但人们将感到无所适从。金钱只是实现目标的手段，而不是最终的目的。父亲一直把金钱当成工作的最终目的，我终于走出了他这个认识误区。

从 1974~1978 年，我一直为别人工作，后来才自己当老板。虽然有了自己的公司，但我并没有掌握全局的意识，也没有什么明确的计划。在经过多年看人脸色生活的日子后，我的好奇心终于驱使我开始创办自己的公司。我辞掉了排在财富 100 强之内的一家航空公司的安稳工作，在那里我差不多达到了个人事业的巅峰，当然挣的钱也超出了我的想象。此外，我的那些同事也让我觉得很不自在，他们不是 MBA，就是某某博士。他们总是以怜悯的眼光看我，有时还对我冷嘲热讽，因为他们认为我注定是不会成功的。

在我 28 岁的时候，我不仅学会了不去理睬家人、朋友和同事对我的嘲笑挖苦，还下定决心要追寻我想过的生活。从此，我开始了掌握自己命运的新旅程。

## 自律带来回报

在《富爸爸穷爸爸》出版几个月之后，我二哥（我有 5 个兄弟和 2 个姐妹）告诉了我这个消息。这本书里讲的就是我一直在苦苦思索的问题。突然之间，我所做的一切都有了新的定义。直到后来读完《富爸爸财务自由之路》我才认识到，通过这些年来自己开公司，我已经进入了现金流象限的右侧，成为了企业主和投资人，而不再是左侧的雇员和自由职业者了。

这种自由自在的感觉多么美妙啊！我很快就要完全解放了。我终于感到了内心的安宁。

我可以举一个例子来说明我一直致力于现金流右侧象限（在"现金流"游戏中，它被称为"快车道"）的生活，它发生在我辞掉航空公司的工作之后。我从 18 岁就开始租房子，现在已经厌倦了这种生活方式——每个月要支付 400～800 美元的房租，到头来还什么都得不到，这真是太荒谬了——于是我买了一块约 1.2 万平方米的土地，距离得克萨斯州的奥斯汀南部有半个小时的车程。我觉得我可以在这块地上盖房子，然后住在那里。我甚至不介意房子是否简陋。我的想法是，如果我付了 X，最后以 Y 把它卖掉，那就一切 OK 了。这纯属自己在那儿盲目地冒险。

当时，卖主迫不及待地要把那块地卖出去。为了支付购买土地所需的现金——1.2 万美元，当时对我来说那可是一笔巨款——我卖掉了心爱的跑车，并拿出了所有的积蓄。在接下来的日子里，我就利用晚上和周末的时间在这块地上盖了一幢中等规模的房子。我一直住在那里，直到以 7.5 万美元把它卖掉。后来我用这笔钱开办了自己的第一家公司。（我的公司为世界各大航空公司提供工程产品和服务，在 3 年之内就发展成为一个资产数百万美元的公司，提前两年实现了我的目标。而且我开办这家公司没有借一分钱。）

但是，读完"富爸爸"系列图书之后，我投资房地产的方法以及我对自己的认识都发生了根本性的变化。读"富爸爸"之前，我投资是为了积累大把的金钱，这样我就不必再向别人借钱了。事后想一想，我因此而失去了很多赚钱的机会。比如说，如果我没有足够的现金来购买一处房产，我就会放弃这桩生意。

关于借钱，我始终认为：任何形式的负债都是不好的。"永远不要欠别人任何东西！"是我父亲深信不疑的另一个观念。当时我不知道有时候借债也是一件好事，因此在买第一块地的时候，我竭尽全力（按父亲的标准）不向别人借钱，盖房子的时候就更不用说了。这种做事习惯一时半会儿是很难改变的。感谢富爸爸，这是我在金钱方面最大的改变了。

学习新东西需要花时间，因为你必须一边思考一边采取行动。但是随着我的不断成功，我逐渐摆脱了童年时期形成的忧虑、恐惧、各种禁忌和消极的思想。成功让我养成了新的、良好的习惯，包括对很多事情的看法。我从内心深处摆脱了那些消极的思维方式，取而代之的是积极向上的思维方式。我不认为价格必须与价值一致。

在读"富爸爸"之前，我从来没注意到现金流现象。老实说，我从来没有想到房产也能用来赚钱。现在，在对房产进行估价时我不仅学会了采用新方法，对其他资产进行估价的时候，我也会采用和以前完全不同的新方法。两者之间的区别是多么巨大啊！谢谢你，富爸爸！

现在，我再也不会凭感觉做事情了，我已经明确了自己的方向，并能很好地控制它，就好像黑暗的房间里亮起了灯一样。

## 我的游戏过程

迄今为止,我已经投资了很多房地产项目,并获得了成功,这是因为在进行每一宗交易前,我都会认真做"功课":对即将购买的房产进行细致而认真的调查,以保证我作出的决定是正确的(基于可靠信息的风险,而不是盲目的风险)。在我看来,很多人看到自己面临的选择不止一个,就会茫然无措,或者心生恐惧。我的很多投资看上去风险很大,但事实上,之前我都已经作了精确的判断,对那些不被注意的趋势或数值我也一一考虑在内了,因为在这一过程中要评估的变量不止一个。我已经为自己建立了一个数据库,搜集了房地产所有可能的用途,主要分为商用和住宅两类。然后我会对某一地区的需求情况进行分析,从而作出决定。我利用电子表格来计算成本与收益的情况,以及房地产成本对不同用途的房子有什么影响。然后,我会参考其他相关的案例,看看怎么解决问题,有没有改进的余地,从而为自己创造出更多的价值。换言之,我会衡量等式一边的销售情况和等式另一边的成本情况。我做"功课"的过程可以简单地归结为:我确定谁做,做什么,怎么做,什么时候做,在哪里做以及为什么做。

下面我给大家举一个例子。得克萨斯州中部地区的房地产市场曾经全面崩溃,在那次崩溃18个月以后,我在一条东西方向的高速公路旁买了一块面积为28.3万平方米的土地,这块地紧邻奥斯汀,连接着两条南北方向的主要高速公路。

当时,我出价每平方米0.8美元(在那次房地产市场崩溃之前,有人出价每平方米1.7美元,但是她们没有卖)。我的朋友和熟人都觉得这个价钱太高了,风险太大,因为他们都在那次房地产业崩溃中变得一贫如洗。连给我贷款的银行都觉得不可思议,一再追问我是否真要以那个价钱购买那块地。但是我知道，高速公路不会消失，连接高速公路的枢纽地带会一直很重要。当经济复苏之后，这块地的周围就会变得高楼林立。我还意识到，土地本身并不是资产，因为它不能带来收益。尽管如此，我还是想弄清楚怎么才能把这块地买下来，同时观望形势的变化。当时，我的情绪处于两个极端：一想到这块地的升值潜力，我就会兴奋不已；但是一想到别人都觉得我这么做就像个疯子，我又会觉得很沮丧。

那块地前接高速公路，后接河流。它正好处在连接南北交通的要道上，地理位置很重要。尽管其优势显而易见，我还是注意到这里的饮用水存在问题——饮用水不足。这正是影响这一带很多房产价值的主要问题之一。在这个例子中，注意到土地的发展潜力受饮用水问题的制约之后，我就开始集中精力思考以下几个问题：谁能解决这个问题？（或者说，谁将因为这个问题的解决而从中获益？）这个人什么时候能解决这个问题？怎样解决这个问题？是自来水公司，是寄希望于城市合并，还是在这里挖一口井？（哪种解决方案最具经济效益？）

在方圆 8 千米之内没有公共的饮用水源，而掘井不但要挖得很深，还无法保证水的质量和产量。因此在正常的价格范围内，这块地不可能发展为住宅区。但是既然我已经发现了这个问题，我就要去研究到底有没有解决的办法。我发现，当时有一个大房地产集团，打算在这一带开发一个私人高尔夫球场的项目，还要修建一些高档住宅，就在我买的那块地对面，离公路约 150 米远的地方。他们也同样被饮用水的问题所困扰。我听说，他们正在与市政府以及附近唯一的一家自来水公司交涉，试图解决饮用水的问题。

掌握这一信息后，我马上意识到，只要这里的自来水管道一铺好，这块地的发展潜力就会大大提升。果然不出我所料，这个问题解决之后，那块地的价钱立即翻了两番还不止。就这样，通过认真研究饮用水问题能否解决、什么时候能解决和由谁来解决,原本"盲目的风险"就变成了"基于可靠信息的风险"。

几年之后,那块地又一次升值,因为很多高科技公司都搬到了这一带,房地产价格再次攀升。结果,那块地已经涨到每平方米3～6美元了。

与此同时,我总结出评估和购买房地产的6条基本原则:

**1. 交易的动机(包括卖主的动机和我自己的动机)**。我们还以那块28.3万平方米的土地为例来说明——当初,卖主并没有要卖地的意图。我之所以选择这块地,是因为看中了它的地理位置和升值潜力。之后,我又对卖主进行了一番调查,并拜访了她们,从而弄清楚她们与那块地之间的关系,以及未来的某些变化将导致什么样的结果。调查表明,这块地的主人是姐妹3人,多年以前她们继承了这块地。现在,健在的姐妹俩也都已经80岁左右了,再没有精力去照看这块地。对于她们这个年纪的人来说,现钱更重要。除此之外,还有其他因素影响这宗交易。起初,姐妹俩拒绝了我的报价。我没有灰心,继续与她们交涉。通过进一步的交谈,我发现她们不愿意这块地被开发。明白了这一点之后,我也把自己买地的意图告诉了她们:我不会像别人那样无度地开发这块土地(换言之,在这块地上盖起一幢又一幢的住宅楼)。根据她们的反应,我知道这笔交易一定能成功,而且大家都能从中获利。我觉得对任何一处房产来说,这个因素都是最关键、最重要的。

这些房产要符合我的要求,我提出的条件也要符合卖主的要求。

**2. 房产的状况**。所谓房产的状况,不仅指它是好还是坏,是未经开发还是风景优美。我必须首先搞清楚什么是关键因素,什么是次要因素,此外还要考虑成本的不同,以及如何分区(也就是说,是分为商业区、住宅区还是其他用途)。比如说,如果一个地方视野开阔，能看到起伏的群山，或者一条小河，或者一个果园，这无疑都是房地产交易中十分有利的因素。对很多人来说，房产周边的环境很重要。

3. **交易的条件**。也就是卖方、银行和我都能接受的条件。考虑到前面提到的两个因素，交易条件是可以协商的，从而让每个人都感到满意。

4. **房产的位置**。我知道这一点已经无须多讲。但是，一旦把房产的位置与它的升值潜力联系在一起（如新修建的马路、商机、人口的变化等），你就能从中发现很多当时并不显眼的机会。比如说，通过对某一地区的调查，我发现那里对土地的需求正在增长。

5. **房产的价格**。再没有比以"批发价格"购买一大片供"零售"的土地更让人高兴的事情了。除了上面提到的4项原则，还有很多因素会影响价格。

6. **人际关系**。这就是富爸爸所说的人际关系网。要多与他人交流，多倾听别人的意见。很多有升值潜力的土地信息都是从闲聊中获得的。（我听说戴尔电脑公司打算找一个地方盖新楼，这就意味着人们要重新租房子，重新安家，还需要购物的地方。）

最近，我在奥斯汀买了3处房产，以下就是我做的明细。我每年都能从中获得一定的利润，根据我的计划，这些房产在5年以后将会涨到31万美元。更让人高兴的是，由于那个地区的两处危房要改造，我的一处房产将位于一个主要的十字路口。最让我兴奋的是，当地的机场要扩建，扩建之后会增加一条跑道。扩建工程会改变一条主要高速公路的路线，使它经过我的一处房产。现在，已经有人报价要买我的房产，价钱是我买它时的两倍。

我购买的第一处房产是一套供单户家庭居住的房子，购买价格是13.4万美元，下面就是这套房子的明细：

**投资房地产需要支付的现金**

首付： 28350 美元

由我们支付的房地产买卖手续费： 1200 美元

由我们承担的修理费／翻新费： 6200 美元

合计： 35750 美元

**每月现金流分析**

房租收入： 960 美元

房屋空置造成的损失（5%）： 48 美元

总收入： 912 美元

每月支出：

各种税费（财产）和保险费： 117.91 美元

修理和维护费： 41.67 美元

管理费（租金的 10%）： 96 美元

月供（贷款 5 年，可续贷，利率 5.25%）： 605.37 美元

（其他所有费用均由房客来承担）

总支出： 860.95 美元

每月净现金流： 51.05 美元

**现金的现金回报率**

每年现金流（51.05 美元 ×12）： 612.60 美元

现金投资金额： 35750 美元

现金的现金回报率： 1.7%

值得注意的是，这套房子带给我的回报并不算高，但是如果我把它卖掉，就会获得可观的资本收益。

这个地区同类房子的售价是 17.5 万美元。

我买的第二处房产也是一套供单户家庭居住的房子，花了 12.8 万美元，以下就是我做的收支明细：

**投资房地产需要支付的现金**

| | |
|---|---|
| 首付： | 24500 美元 |
| 由我们支付的房地产买卖手续费： | 6000 美元 |
| 由我们承担的修理费／翻新费： | 0 美元 |
| 合计： | 30500 美元 |

**每月现金流分析**

| | |
|---|---|
| 房租收入： | 1123.20 美元 |
| 房屋空置造成的损失（5%）： | 56.16 美元 |
| 总收入： | 1067.04 美元 |

| | |
|---|---|
| 每月支出： | |
| 各种税费（财产）和保险费： | 179.58 美元 |
| 修理和维护费： | 41.66 美元 |
| 管理费（租金的 10%）： | 112.32 美元 |
| 月供（贷款 5 年，可续贷，利率 5.25%）： | 635.58 美元 |
| （其他所有费用均由房客来承担） | |
| 总支出： | 969.14 美元 |

| | |
|---|---|
| 每月净现金流： | 97.90 美元 |

**现金的现金回报率**

| | |
|---|---|
| 每年现金流（97.90 美元 ×12）： | 1174.80 美元 |
| 现金投资金额： | 30500 美元 |
| 现金的现金回报率： | 3.8% |

现在，这个地区同类房子的售价是 14.5 万美元。

此外，我还买了一个飞机库和它旁边的办公楼，这是我的另一个收入来源。这个飞机库可以出租，办公楼里那些飞机的主人可以把他们昂贵的飞机安全地停放在里面。为此，他们每月都要支付 600～1000 美元，租金的多少取决于飞机的大小。按楼里有 10 架飞机计算，每个月的收入就是大约 8000 美元（也就是说，每年 9.6 万美元），而我购买这处房产的价格还不到 25 万美元。

我把办公楼租给了一家专业的工程公司（恰好我开的第一家公司做的就是这个），这样每月又能获得 4000 美元的收入（每年 4.8 万美元），购买这幢楼我贷款 12.5 万美元。（顺便提一下，在把它卖掉之前，我每年的租金已经达到了 700 万美元。）

除去各种支出和必须偿还的贷款，这两处房产让我每月赚到了 4300 美元。房租收入不但能让我供得起这些房子，还能支付我自己的各种花销。

我先后开过 5 家公司，到现在还拥有两家：一家是技术咨询公司，主要为中小型企业提供咨询服务；另外一家是新开的高科技公司，是以社区为主要服务对象的新型广告传播公司。"富爸爸"团队中有一个顾问名叫迈克尔·莱希特。我读过他写的一本书，书名叫做《保护你的头号财产》，这本书告诉我，我应该保护自己的知识产权。

我今年的奋斗目标是保证新公司正常运转，这样到年底这家公司就能赢利。在今后的5年里,我的目标是每个月的收入达到5万～8万美元。

## 改变思维,改变命运

我认为富爸爸给我最重要的启发就是,恢复了我的想象力和动力,这是我曾经因为消极和失望而丧失的东西。大家可以试想一下:如果人们因为屡屡受挫而感到实现财务自由是遥不可及的,那么他们就会逐渐放弃这个梦想。

不幸的是,在涉及钱的问题时,我们周围的大多数人总是抱着消极的态度,持积极态度的人少之又少。而可悲之处就在于,由于经常受到这种消极态度的影响,一个人原本对美好未来的憧憬就会逐渐淡化,直至完全消失。久而久之,你的内心会滋生出一种悲观、厌世的情绪,从而影响你的思维和行为,甚至是你能取得的成就。这样一来,你就会失去前进的动力,因为你根本就没有要追求的目标。没有了想象力,一切都不可能实现。如果你的脑子里总是缺乏建设性的想法,那是因为你有不良的思维习惯。我相信富爸爸教的东西能让我们从消极状态转变到积极状态,摆脱由于失望而产生的绝望情绪,重新获得希望。它能让你为自己勾画出一幅美好的蓝图,并激励你为实现这一切而不懈努力。认为自己不行的恐惧心理就会一扫而空,取而代之的是积极自信的生活态度。

我还相信,消除无知、获取收益的办法就是拥有一套系统的、全新的处事方法。从这个角度来看,在把价值创造理念商业化方面,"富爸爸"团队比以往任何一个团队做得都到位。

我从富爸爸那里收获的最重要的礼物就是,我改变了对生活的看法,并重新燃起了生活的激情,而且我知道自己的生活会发生什么样的变化。这个社会正由工业时代向信息时代过渡,我已经学会了如何寻找机会。财务自由是实实在在的、看得见的。而且，我心里依然怀着对美好未来的憧憬。

对此，我有着最切身的体会。数年以前，我大哥搬到西部去生活，并经营自己的生意。我和他之间的关系并不亲密（这并不是因为我们性格的差异，而是因为我们这个家里人太多，我们的年龄相差也太大）。我们最近一次见面的时候，我请他答应读一读《富爸爸穷爸爸》。我已经买了一本送给他。当时，他坐在我的车里，接过书后就开始漫不经心地翻了起来。不一会儿，他就停止翻书，开始大声地朗读。用他自己的话说，他虽然读了不少经济方面的书，但是他并不知道金钱是怎么工作的。

他开始向我讲起他都看过哪些书。在此之前，我们从来没有这样推心置腹地交谈过。现在，我们终于有了共同语言。

我也向他讲述了我刚刚经历过的一切，讲了从我已经拥有的东西到我想要拥有的东西，讲了这两者之间的积极变化。我们就彼此理想的生活方式进行了探讨，这不但缩小了我们经济观念上的差距，同时也缩短了我们感情上的距离。

我还从未听说哪个人在生活中从来没有遇到过挑战。每个人都会经历挫折。如果你认为自己不行，而总是感到郁郁寡欢，这对任何人都没有好处。你不可能心里总是觉得自己很失败，还能渴望着成功。但是，如果我们决定要获得成功，我们就要用它来鞭策自己不断前进，而不是把它当做没能实现梦想的借口。

在看完"富爸爸"系列图书之后，对于金钱我体会最深的就是，一个人必须不断创造价值、发现价值或者提升价值。金钱本身并没有好坏之分。金钱与一个人的背景、犯过的错误或是生活中的挑战都没有关系。如果一个人不能以某种方式提升自己生活的价值，金钱就会流向能够创造价值的人。

现在，我已经实现了自己当年设定的大部分目标（不过，我还没有见到法拉·福西特)。虽然我已经40多岁了，但我还是对自己充满信心，我相信自己可以取得更大的成就。我最关心的事情就是，我要把全部热情都贡献给这个社会，不受任何约束。我现在越来越体会到有钱并不最让我激动，最让我有成就感的是在赚钱的过程中所体现出来的个人价值。我觉得，那是一切善的根源。

# 第三部分
# 换一个角度

我的人生信条之一就是,学习哪个专业就会从事哪个专业的工作。如果你学了法律,你就会成为一名律师;如果你学了历史,你就会成为一位历史学家。而无论你学的专业是什么,只要你学了如何通过投资来创造财富,你就能获得财务自由。这样一来,你就可以自己决定是继续从事现在的工作,还是退休,或是学习全新的东西。这就是财务自由能够赋予你的一切。

很多人虽然年龄不同,经历也不同,但他们都告诉我,是富爸爸帮他们重新认识了自己,从而彻底改变了生活。

在这一部分里,你将读到汤姆·科图拉的故事,他来自明尼苏达州。多年以来,汤姆一直从事着一份极为辛苦、没有任何发展前途的工作,每个月的各种账单总是让他喘不过气来。此外,没完没了的加班让他很少有时间和家人待在一起。这种生活让他感到心力交瘁。作为一个没钱又没势的小职员,汤姆觉得必须做点儿什么来改变自己的生活,不论是为自己还是为家人。在接触了"富爸爸"系列图书之后,他发现没有钱并不是投资致富的障碍。如果你也认为自己别无选择,而正死守着一份没有前途的工作,那么你一定要读一读汤姆的故事,相信会对你有所启发。

然后,你还将读到韦德·山本和卡罗尔·山本的故事。这对夫妇住在夏威夷，那也是我成长的地方。第一次遇到他们的时候，卡罗尔已经在做网络营销了，她以前是一名教师。而她的丈夫韦德并没有与她一起经营。后来，他们终于达成一致意见，作出了对两个人都最有利的选择。他们的经历表明，夫妻双方互相理解，从两个人共同的利益出发是多么重要。他们的故事强调了这样一个事实，两个人共同学习、齐心协力，为了一个共同的目标奋斗和牺牲，就会取得不可思议的成功。他们的故事不仅反映了人们普遍担心的一个问题，就是我经常听到人们说的："我的家人、朋友或是邻居会怎么想？"还揭示了他们是如何解决这一难题的。在富爸爸的启发下，夫妻也能精诚合作，解决问题。

你还将读到3个人的故事，他们分别是梅塞德·霍尔，她的丈夫杰夫·霍尔，以及她丈夫的孪生兄弟乔恩·霍尔。他们都住在犹他州，经历堪称传奇。大学毕业以后，他们步入社会，但是，曾经美好的理想在残酷的现实面前被撞得粉碎。他们的故事反映了很多人面临的共同困惑：这些人在大学里接受了良好的教育，获得了令人羡慕的高学位，然后踌躇满志地走出了校园，就职于网络公司或其他的知名企业。一方面，他们享受着暂时的高薪；另一方面，他们也要承受巨大的工作压力。这些公司信誓旦旦地向他们承诺了很多，最终能兑现的却很少，从他们身上剥削的反而更多。

他们从小接受的教育就是，要为这样的工作而努力学习、奋力争取，但从事这样的工作没多久，他们就发现自己不适合受雇于人。这并不是因为他们懒惰，或是不愿意承担义务。梅塞德、杰夫和乔恩都意识到，在未来的三四十年里，他们不愿意为别人打工。他们想要获得财务自由，并希望由自己掌握命运来实现这一目标。

他们不会再浪费时间去说服自己"应该"去做那些不适合自己的工作。因为他们已经花费了大量的时间和精力去考好成绩、拿高学位。相反，他们学习了"富爸爸"系列课程，然后开始进行投资。

他们的目标是赚钱,最终获得财务自由。他们坦承,其间的确有几次非常惊险,但他们还是坚持了下来。正如富爸爸教给我们的那样,他们犯过错误,从中吸取教训,然后继续前进,直至最终获得成功。

更重要的是,他们为同龄人树立了一个积极的榜样。这些人和他们过去的经历非常相似:对繁忙的工作感到失望,渴望自己开公司赚钱。这3个人并没有抱怨自己的遭遇。相反,他们诚实地分析了自己的情况,重新进行了学习,并利用这个坚实的基础改变了自己的命运。他们并没有心力交瘁、愤世嫉俗,而是抓住机遇,采取行动。

来自宾夕法尼亚的肯·霍布森的经历则与其他人不尽相同。经过多年的努力,肯在事业上已经颇有建树,因此他的生活相当优越。但是,他总觉得生活中好像还缺了点儿什么。对他来说,是富爸爸的课程帮助他找到了那块失落的"拼图"。他找到了一个办法,能把他的投资和新工作结合起来。在他选择退休的时候,他并没有为自己的前途惴惴不安,他相信自己每月的现金流收入会不断增加。他还在这个过程中找到很多乐趣。

汤姆、韦德、卡罗尔、梅塞德、杰夫、乔恩和肯都没有坐在那里等着天上掉馅饼。他们完全掌握了自己的命运,并想方设法改善自己的生活。由于对自己的现状不满意,他们就下定决心要获得财务自由。他们并没有受那些老掉牙的借口的影响,也没有屈服于他人对他们行为(甚至是心智)的质疑。

他们没有循规蹈矩,如应该安于现状("你熟悉的地狱总比不熟悉的地狱好"),不要贸然尝试新事物("你以前从来没做过,又怎么知道一定能行")。相反,他们制订了行动计划,认真地做各种调查,然后寻求自己需要的支持,最终获得了成功。他们先学习如何获得财务自由,然后采取了行动。

# 第8章
# 胜过彩票中奖

汤姆·科图拉
明尼苏达州，圣克劳德市

我在邮局工作了7年半，每天负责分拣邮件，工作累得要命，却没有任何发展前途。为了能多赚点儿钱，我经常加班——晚上、周末甚至节假日。因为总有没完没了的账单在等着我去支付，所以我别无选择。我和我妻子就靠着那点微薄的薪水度日。我经常做兼职，也经常在业余时间做各种各样的零工：开校车，送比萨，在高尔夫球场干零活儿，诸如此类、举不胜举。但是，这些工作没有一份是我喜欢的。我最缺少的，就是改变生活方式的动力。此外我对自己也没什么信心。我觉得自己缺乏经验，所以不会成功。这一点，再加上我本身的惰性，是我那个时候面临的主要问题。

18个月之前，就在我找到改变生活的办法、重新燃起希望之前，我的存折里已经空空如也了。于是，我开始考虑提前退休。但是我发现必须在邮局继续工作19年，退休后我才能拿到养老金。邮局的养老金账户里的钱都用来购买共同基金了，这就是我们唯一的投资。因此，我的前途似乎不那么光明。

感谢富爸爸，现在我们已经有了9万美元的存款，获得了财务自由。如果我愿意的话，即使10年不工作也能衣食无忧。我是一个退役的海军老兵，曾经在大学里学过3年演讲和管理。我今年33岁，有一个3岁的儿子。我的计划是到40岁就退休。

## 旧瓶装新酒

我有个爱好，那就是琢磨各种赚钱的方法。过去，我也试过做一些小生意。第一次是和别人合伙做一种酒吧玩具的生意。玩游戏的人只要把硬币扔进玩具上的小孔里就算赢了。这个生意让我的合伙人损失了2000美元，而我几乎破产。但是，这次的经历让我向前迈出了一大步。我被迫去和各种人打交道，尽管经常遭到拒绝，却从中学会了如何应对这一切。

我一直对房地产和金融方面的书很感兴趣。1988年，我加入海军的时候，就开始看这方面的书。尽管我觉得做房地产生意很有意思，但从来没想过要自己做。不过，当我听说《富爸爸穷爸爸》这本书的时候，我还是买了一本。读完之后，我又买了这套图书里另外3本。去年，我因为膝盖手术而卧床休息。在那期间，我在电视上看到了有关清崎的一个广告，于是就订购了《选择当富人》的磁带。

《富爸爸穷爸爸》是我迄今为止读过的最有价值的图书，我非常赞同清崎的财商理念。他反复强调说，机会无处不在。然后他又指出，人没有优劣之分。但是，给我印象最深的还是他对房地产价值的看法。我以前从没想过可以靠房地产的收入生活，而不是仅仅用它来补贴家用。

想到房地产能带来源源不断的收入，我受到了巨大的鼓舞，于是开始采取行动。而且，现在都没有停下来的打算。

## 我的游戏过程

读完《富爸爸穷爸爸》之后不久，因为机缘巧合，我在圣克劳德市的郊区买下了我的第一处租赁房产。我的姐姐有一个3岁的女儿，所以一直想要搬出那套拥挤不堪的房子。我们住的这个小城有6万人，外加1.4万名圣克劳德大学的学生，所以我知道出租房子绝对利润丰厚。不过，这是我第一次认识到，对我而言这些房子有很大的价值。

我和房地产代理人交涉了3个月，询问他们是否有合适的、供出租的房源。然后，我找到了一个有3套公寓的地方，很适合我和我姐姐住。对方开价9.9万美元，我出价9.4万美元（成交时他们要退给我5000美元）。因为我姐姐有资格获得第一次购房贷款[①]，而且她打算住其中的一套公寓，我们就获得了全额贷款，30年期，利息是7%，总额9.9万美元。这一点对我们来说很重要，因为我们都没有余钱来付首付。

我负责收房租，姐姐则负责照看公寓内公共部分和公寓外面的情况。即使姐姐付的房租打折，我每个月还是能有300美元的收入，这笔钱我们两个人平分了。下面就是这套房子的收支明细：

| 投资房地产需要支付的现金 | |
| --- | --- |
| 首付： | 0美元 |
| 由我们支付的房地产买卖手续费： | 0美元 |
| 由我们承担的修理费／翻新费： | 6000美元 |

---

[①] 第一次购房贷款是为那些没有房产，以前也没买过房产的人量身定做的一种贷款。贷款人有时可以申请到无须首付的贷款。

合计： 6000 美元

**每月现金流分析**

房租收入： 1365 美元

每月支出：

各种税费（财产）： 50 美元

保险费： 40 美元

修理和维护费： 0 美元

取暖费和电费： 150 美元

垃圾处理费和水费： 65 美元

储备金*： 0 美元

月供（贷款 30 年，利率 7%）： 760 美元

总支出： 1065 美元

每月净现金流： 300 美元

注：*我们所有的现金流都记入储备金。

**现金的现金回报率**

每年现金流（300 美元 ×12）： 3600 美元

现金投资金额： 6000 美元

现金的现金回报率： 60%

我和姐姐是 2001 年 9 月买下那处房产的，到了 11 月我就已经开始琢磨获得房产的其他途径了。此外，还有一个因素，我们买下

的那3套公寓都需要花一大笔钱来维修。因为我不喜欢做自己不了解的事情，所以只好雇人来修理。和清崎一样，我从来不修厕所。

不过，我们最近重新办理了贷款，期限还是30年，但利率变成了4.5%，这样我们每个月的收入就达到了650美元。不但如此，我们还从中获利2.5万美元，并再次平分了这笔钱。即使拿出6000美元用于房屋的修缮维护，我们每个人还是赚到了大约1万美元。我打算用这笔钱继续投资。现在，我们还继续拥有那处房产，它每个月能给我带来250美元的收入。

对我来说，这是一个可喜的开端。但几个月后我意识到，要想实现自己的目标，即永远摆脱邮局的工作并实现财务自由，还有很多事情需要我去做。于是，我开始四处寻找土地，这样我就可以在上面建房子。一天之内，我就在一个小城里找到了一块1.2万平方米的土地，附近建了很多联式房屋。我决定在那里建5套联式房屋，每套可供两户居住。

我为了这项计划做了很多调查，但这是非常值得的。要知道，我仍然没有可供投资的钱。但是我知道应该做什么，这是我的有利条件。清崎经常说，你必须认真做"功课"。我照他说的去做了。我知道完成一项工作有很多方法，我们需要做的就是不断寻找最合适的那一种。

我列出了很多要问的问题，研究了很多申请贷款方面的图书，不断向他人咨询，并翻阅了很多黄皮书①。我的首要目标就是从银行获得贷款。我给很多银行和抵押贷款公司打电话，询问我想知道的问题。这些问题包括：

- 他们能提供什么类型的贷款？

---

① 黄皮书指政府发表的报告书。

- 他们是否为新的建筑工程提供贷款?
- 他们接受什么类型的首付条件,也就是说,他们是否只接受现金,还是同样接受财产抵押?
- 我怎么才能获得贷款资格?

我发现,绝大多数银行都是严格按照传统方式来办理贷款的。打电话了解到这些情况以后,我开始着手进行下一步。

我先后找了10多家银行,最后终于有一家愿意了解我的计划。我向他们提交了一份个人财务状况记录,这并不太吸引人。此外,我还提交了一份自己制订的投资计划,这份计划非常严谨。他们很快就明白了我的意图:在一块空地上建房子,而且这个地方又有对房子的需求,也就是说,这个计划无论如何都不会赔本。我已经咨询过建筑方面的专家,因此我还告诉他们在建造房子的时候怎样来省钱。就这样,我没有进行任何抵押,就获得了84万美元的贷款。我所做的一切就是,握手、微笑,然后与对方成交。

我从来没有从事过任何与建筑相关的工作,这无疑是我进行房地产投资时的一个劣势。但是,我完全可以借鉴他人的经验。我妻子在建筑行业工作,此外我们有一个朋友正要自己建房子。于是,我和他说了我的想法,问他愿不愿意做我的顾问。作为回报,我可以把建筑方面的活儿交给他来做,他想做多少就做多少。这简直是天作之合。而且,由于我妻子在这一行里认识很多人,我能以优惠价买到很多材料。从我开始考虑这件事到最后破土动工总共花了6个月。

我是从2002年5月开始这项工程的。同年7月,我就辞掉了邮局的工作(我的妻子还是做她原来的工作,因为她喜欢那份工作)。第二年10月,我的工程宣告竣工。不久之后,我盖的10套房子就全部租了出去。买那块地和建房子一共花了77万美元。我还从84万美元的贷款中拿出6万美元用于其他的工程。以下就是这个项目的明细:

**投资房地产需要支付的现金**

  首付：                0 美元

  由我们支付的房地产买卖手续费：     3500 美元

  由我们承担的修理费／翻新费：      0 美元

  合计：               3500 美元

**每月现金流分析**

  房租收入：             7900 美元

  每月支出：

  各种税费（财产）：          40 美元

  保险费：              200 美元

  修理和维护费：            0 美元

  垃圾处理：             150 美元

  储备金：              100 美元

  管理费：              0 美元

  月供（贷款 25 年，利率 7%）：      6100 美元

  总支出：              6590 美元

  每月净现金流：           1310 美元

**现金的现金回报率**

  每年现金流（1310 美元 ×12）：     15720 美元

  现金投资金额：           3500 美元

  现金的现金回报率：          449%

请注意：尽管我不需要支付各种设施的使用费，但垃圾处理费还是由我来承担。不过，我通过提高房租来支付了这笔费用。此外已经有两三位房客向我表示想买下他们租住的房子。如果我决定卖房子，要为他们减免25%的资金，这样一来我还是可以从中获利。

在开发这个项目的同时，我又在圣克劳德郊区的另一块地上为自己盖起了房子。新房子的面积很大（有446平方米，比我们现在住的这套大了不止两倍），总成本是36万美元。我去申请了42万美元的贷款，利息为2.9%，非常优惠。我这里还有一个例子，说明广泛的人际关系往往会给你带来很大的好处。在一次交易中，我去拜访了我认识的一个办理抵押贷款的经纪人。他和我一样，也辞掉了邮局的工作。我支付了25%的首付，因此以很低的利息申请到了贷款。

我申请这笔贷款的最高信贷额度是14万美元。我们可以用这笔钱继续盖房子，也可以买房子来出租，从而圆我们自己的住房梦。

今年，我打算再盖5套供单户家庭居住的房子，既是为我现在的房客，也为其他人。现在，我每个月从房产中能获得600美元的收入。3年以后，加上新盖的房子，我预计每个月的收入会达到2000美元。我的目标是：7年以后，我的月收入达到4500美元。到那时，我每年的被动收入将达到6万美元，我会考虑退休。

## 眼见为实

数字能反映一切。下面就是我投资前后的财务状况的对比表：

## 投资房地产之前

**每个月的账单**

贷款：　　　　1000 美元
信用卡：　　　800 美元
教育贷款：　　400 美元
交通：　　　　500 美元
日托：　　　　360 美元
生活费：　　　1000 美元
共计：　　　　4060 美元

**每个月的收入**

我的收入：　　　2000 美元
我妻子的收入：　1550 美元
共计：　　　　　3550 美元

**资产**

房地产：　　　16 万美元
退休金计划：　1.4 万美元
共计：　　　　17.4 万美元

**负债**

房子：　　　　　　　　14.5 万美元
信用卡和教育贷款：　　8 万美元
共计：　　　　　　　　22.5 万美元

## 投资房地产之后

**每个月的账单**

贷款：　　　　1800 美元
信用卡：　　　500 美元
教育贷款：　　400 美元
交通：　　　　800 美元
日托：　　　　360 美元
生活费：　　　750 美元
共计：　　　　4610 美元

**每个月的收入**

我的收入：　　　2150 美元
我妻子的收入：　1600 美元
共计：　　　　　3750 美元

| 资产 | | 负债 | |
|---|---|---|---|
| 房地产： | 203 万美元 | 房子： | 137 万美元 |
| 退休金计划： | 1.4 万美元 | 信用卡和教育贷款： | 6.5 万美元 |
| 共计： | 204.4 万美元 | 共计： | 143.5 万美元 |

## 前景广阔

在我买下第一处房产之后,我在书桌上方的墙上贴了一张纸,上面写着我为自己确定的目标,我很喜欢看着它们:

- 1 年以后,每个月的被动收入达到 1000 美元。
- 5 年以后,每个月的被动收入达到 5000 美元。

现在,我每个月的收入已经是我这个目标的两倍还多。

我愿意与大家分享我在这个过程中学到的一切:

- 要跳出思维的局限。每个人都有自己独特的解决问题的办法,因此,不需要总是由别人告诉你应该怎么做,否则,还有什么乐趣呢?
- 倾听别人的意见。很多有经验的人喜欢谈论他们拿手的事情。如果你认真倾听,你将获益匪浅。
- 勇敢承认自己并非无所不能。这没关系。寻找你所需要的帮助,这将有助于你获得成功。
- 不要害怕变得富有。我小时候,家里人从来不和小孩子讨论金钱这个话题,甚至大人们之间也不谈论。既然能讨论别的事情,为什么就不能讨论钱呢？

● 时刻准备着。我每次开车路过一片地的时候，心里都会想："能怎么利用这块地呢？"

● 给予会带来回报。对自己拥有的一切要慷慨大方。尽量做到互惠互利，让大家都受益。比如，我在前面提过，我的一些房客想买房子，因此我就把房子以优惠的价格卖给他们，这样做我承受得起。

## 彩票就在这里

刚刚踏上追寻财务自由之路的时候，我并不知道感觉会这么好。我觉得罗伯特·清崎说得没错：如果你认为自己不可能变得富有，那你就永远也不可能成为富人。

我注意到一个十分有趣的现象，那就是很多人都热衷于买彩票。他们厌倦了自己的工作，梦想着发大财。但是，除了买彩票中奖，他们想不出别的办法来发财。如果你也厌倦了那种"老鼠赛跑"式的生活，我可以告诉你，赚钱的机会就在你家门口。如果我能从中获益，你也可以。用这种方法来赚钱，比依靠运气可靠得多。如果你相信自己，相信自己的能力，你就再也不会依赖买彩票来发财了。

# 第9章
# 共同的决定

韦德·山本和卡罗尔·山本
夏威夷州，瓦伊凯勒岛

我和我妻子一直认为，房地产投资的风险太大了。购买房产是要冒风险的，极有可能损失金钱。对我们来说，这个结果太可怕了，简直连想都不敢想。

用退休金进行投资就相对安全些，就眼前的情况来看，它可以松弛我们紧绷的神经。我们从来没有亏过太多钱，当然，也没赚多少钱。不过，我们的退休基金还是亏了2万美元，因为股价突然下跌了，而我们持有的那只股票风险太大。

对我们来说，最大的困难就是我们对自己不熟悉的事情怀有恐惧心理，而且总是担心别人会对我们的所作所为说三道四。2000年，我们从一个朋友那里听说了《富爸爸穷爸爸》这本书，当时一下子就动心了，因为罗伯特·清崎和我们一样，也来自夏威夷。我们现在住在瓦胡岛，但是我出生和成长的地方却是考爱岛，我的妻子卡罗尔则来自比格岛。我们都毕业于夏威夷大学（在大学里学的专业分别是电气工程和幼儿教育）。我的父母都是中专毕业，所以他们一定要我和姐姐接受大学教育。卡罗尔的父母也向她灌输了同样的思想。

拥有高学历才能获得高收入，这是我们从小就接受的教育，我们对此也一直深信不疑。

但是，读完很多成功人士的传记之后，我们却对这一点产生了怀疑，因为他们的经历和我们认为的要通过自己的奋斗，白手起家完全不同。

尽管如此，当我读到《富爸爸穷爸爸》时，还是被它深深地吸引了。罗伯特·清崎写得通俗流畅，读起来很轻松。我们从中学到了很多关于如何获得财务自由的知识。与此同时，我们对房地产投资的恐惧也开始逐渐消失。后来我们与朋友（就是她把《富爸爸穷爸爸》介绍给我们的）一起玩"现金流"游戏，从此我们的生活就发生了巨大的变化。我开始意识到，为什么在游戏开始的时候我不想拿到工程师或医生的牌（"除了这两种职业，其他什么都可以！"我不止一次这样抱怨）。因为从事这些职业很难摆脱"老鼠赛跑"式的生活。后来，我看到房产管理员这种职业，我觉得可以帮助我跳出"老鼠赛跑"。当我们看到游戏中各种各样的纸牌时，我们注意到，那些收入高的人消费也很高，而且有很多无谓的支出。这样，为了摆脱"老鼠赛跑"式的生活，踏上经济上的"快车道"，他们就需要付出更多的努力以获取被动收入，维持收支平衡。"现金流"游戏中的各种纸牌确实反映了现实生活的方方面面，那就是高收入就意味着能住更大的房子，开更豪华的汽车，等等。

这个游戏的确让我们大开眼界。不过，直到我们真的进入 I 象限（投资人的象限），我们才意识到这个游戏有多么逼真。从这个游戏中，我们还学到了很多其他的东西：如果你只是玩游戏，而不付诸实践，那么你就是在浪费时间，因为你没有意识到自己的能力究竟有多大。这个游戏为我们提供了让人难以置信的教育。

几年以前，卡罗尔就已经进入了 B 象限（企业主的象限）。卡罗尔本来是一家私立幼儿园的老师，后来她觉得这份工作太累，于是决定辞掉幼儿园的工作，找一份兼职，这样就能缩短工作时间。我完全支持她的决定。现在，卡罗尔每天在家里工作，全权负责我们的网络营销事业，这份事业我们已经经营7年了。

## 继续前进

2001年年中，我们告诉自己，要想赚大钱就必须有所改变，包括生活方式上的改变。当我们再看自己住的那套3居室的房子（这套房子是我们7年前买的，当时我们相信拥有自己的房子是每个家庭的梦想）时，我们的看法已经完全改变了。我们住在这里每个月要支付2000美元，还不包括各种设施的使用费。我们花了30万美元买这套房子，和我们认识的很多人一样，希望在某个时间能以更高的价钱把它卖掉。我们花了很多钱来维护这套房子，但这个时候的房地产市场一片萧条，房价降到了最低点。我们已经无力再去申请贷款，因为我们没有什么资产。我们希望房子能升值，但这希望化做了泡影。

这套房子的确"吃"掉了我们很多收入。但是，如果我们卖掉房子，就可以将"游戏"付诸实践了。

卡罗尔的第一反应是："我们的朋友会怎么想？"于是我反问她，在今后的20年里是不是都想住在这套房子里。她稍一思索就说"不想"。然后我们继续进行了一系列"如果……那么……"的假设：

● 如果我们把房子卖掉，用这笔钱去买房产，每个月从中获取收入，那么结果会怎么样？

● 如果我们住在一个比较便宜的地方，那么结果会怎么样？

● 如果我们继续住在这里，什么也不做，那么结果会怎么样？

我们对每一个细节都进行了认真的讨论，最终达成了共识。我们需要诚实回答的问题是："我们为什么要住在这里？"

2002年4月，我们以26万美元（和我们买房的价钱相比，略有损失）的价钱卖掉了房子，买了一套城区住宅。我必须说明，尽管进入I象限是我们结婚以来作出的最大的、也是最艰难的一个决定，但我们从来没有感到一丁点儿后悔。我们觉得那是实现财务自由的唯一途径。

3个月以后，我们在火奴鲁鲁购买了我们的第一处租赁房产。

## 我们的游戏过程

"富爸爸"团队的一个顾问曾经写过《房地产巨头：如何利用银行的钱发财致富》一书，我们采纳了书中的建议：通过买入房产来赚钱。我们买的第一处房产是一套丧失赎取权的房子，总价5.7万美元，首付10%。这是我们第一次尝试房地产投资，第一年就给了我们超过42%的回报。仅仅4个月以后，我们又买了第二处丧失赎取权的房产，总价6.3万美元，首付仍然是10%。这一次的投资给我们的回报是36%。这两处房产都是3室1卫，是一幢公寓大楼（拥有超过100套房产的公寓）中的一套。类似公寓的价格是8.3万美元。

这两处房产距离我住的地方大约6.4千米，是我的房地产代理人介绍给我的，她也是我以前的上司，一名海军中校。她在退休之前的几年里，就开始在夏威夷从事房地产代理工作，这样她就有了收入来源，可以住在夏威夷。在成为房地产代理人的前一年，她开始购买房地产，并且在短短的3年内就拥有了七八处房产。我想向她学习投资经验，她也愿意帮助我、和我分享她的成功。

和她取得联系之前，我们也通过因特网和报纸来寻找合适的房产,可是每次根据获得的信息去联系的时候,那些房产早已被卖掉了。于是,我们转而寻求代理人的帮助,告诉她我们想买什么价位的房子,我们想从中获利多少。明白了我们的投资意向之后,她鼓励我们继续努力,并告诉我们可以购买的房产很多,我们一定能找到合适的。她说得对。

2002年7月我们购买了第一处租赁房产,以下就是这处房产的收支明细:

---

**购买房产的价格:57000美元**

**投资房地产需要支付的现金**
  首付:           5700美元
  由我们支付的房地产买卖手续费:  1900美元
  由我们承担的修理费/翻新费:   3500美元
  合计:           11100美元

**每月现金流分析**
  房租收入:         1150美元
  房屋空置造成的损失(5%):   57.50美元
  总收入:          1092.50美元

  每月支出:
  各种税费(财产):      15.37美元
  保险费(个人抵押贷款保险*):  53.85美元
  修理/维修费:        0美元
   (我们对房子进行翻新的时候,所有能换的——地板、家电、家具、水管——全部换成了新的,因此,希望短期内不会再有什么东西需要维修。)

| | |
|---|---|
| 储备金： | 0 美元 |
| 每个月的维修费（包括意外保险）： | 252.29 美元 |
| 月供（贷款 30 年，利率 7.75%）： | 352.15 美元 |
| 总支出： | 673.66 美元 |
| 每月净现金流： | 418.84 美元 |

注：*个人抵押贷款保险是指房产交易中的贷款方要交付的一种保险，在贷方延迟还款时可以保护借方的利益。

**现金的现金回报率**

| | |
|---|---|
| 每年现金流（418.84 美元 ×12）： | 5026.08 美元 |
| 现金投资金额： | 11100 美元 |
| 现金的现金回报率： | 45.3% |

2002 年 11 月，我们购买了第二处租赁房产，下面就是这处房产的收支明细：

**购买房产的价格：63100 美元**

**投资房地产需要支付的现金**

| | |
|---|---|
| 首付： | 6310 美元 |
| 由我们支付的房地产买卖手续费： | 2200 美元 |
| 由我们承担的修理费／翻新费： | 3500 美元 |
| 合计： | 12010 美元 |

**每月现金流分析**

| | |
|---|---|
| 房租收入： | 1150 美元 |
| 房屋空置造成的损失（5%）： | 57.50 美元 |
| 总收入： | 1092.50 美元 |

每月支出：

| | |
|---|---|
| 各种税费（财产）： | 19.09 美元 |
| 保险费（个人抵押贷款保险）： | 42.59 美元 |
| 修理／维修费： | 0 美元 |

（这次我们对房子进行翻新的时候，同样把所有能换的——地板、家电、家具、水管——全部换成了新的，因此，希望短期内不会再有什么东西需要维修。）

| | |
|---|---|
| 储备金： | 0 美元 |
| 每个月的维修费（包括意外保险）： | 252.29 美元 |
| 月供（贷款 30 年，利率 7.875%）： | 411.77 美元 |
| 总支出： | 725.74 美元 |
| 每月净现金流： | 366.76 美元 |

**现金的现金回报率**

| | |
|---|---|
| 每年现金流（366.76 美元 ×12）： | 4401.12 美元 |
| 现金投资金额： | 12010 美元 |
| 现金的现金回报率： | 36.6% |

我们从书中学到，不要爱上自己的房产（如果要购买的房产是丧失赎取权的房子，这一点就很容易做到），只要爱上那些数字就足

够了。在上述两宗交易中,对方接受我们报价的时候,我们甚至还没见过要买的房子。我们很幸运,因为我们有一个房地产投资方面的顾问兼良师益友,她就像罗伯特·清崎和道尔夫·德·鲁斯一样诲人不倦。

顺便提一下,我们买完第二处房产之后,卡罗尔问:"我们为什么那么晚才卖掉自己的房子?"(现在每当回想起这一幕,我们两个人都不禁莞尔一笑。)

目前,我们正在寻找第三处房产。如果再买一处房产,并把它租出去,我们每个月的收入就足够支付现在这套房子的月供了。对我们来说,经济状况发生了翻天覆地的变化。

## 一只脚已经离开了"老鼠赛跑"

现在,我依然处于"雇员"的E象限,因为我还在军队任职,负责一个部门,这个部门专门监控电话系统。我今年39岁,我已经告诉我的上司(他今年30岁),我打算45岁时退休。这比军队规定的最低退休年龄(62岁)提前了许多。我在今后3~5年的计划是,和卡罗尔一起进入B象限,然后一直待在I象限。到那个时候,我们投资房地产和网络营销生意的收入就足以养活我们两个人了,这样就可以去寻找新的、更大的投资机会。尽管从短期来看,卡罗尔当老师的收入更高,但我们的长远目标是:过独立自主的生活。也就是说,不再受雇于人、不再依靠薪水度日,相反,要自己进行投资。

## 我们成了榜样

看到我在房地产投资方面取得成绩之后,我的上司也开始着手改变他的财务状况。于是，在我的房地产代理人（以前也是他的上司）的帮助下，他也购买了自己的第一处租赁房产。不但如此，我们一位住在拉斯维加斯的朋友也打算购买房产用于出租。但是，也有一些朋友置富爸爸的警告于不顾，即只从事能立即有现金流收入的生意，相反他们寻找一些收益为零的房子——甚至是负收益——希望这些房子日后能升值，然后转手卖掉，从中赚取差价。我们也尝试过这种方法——那时我们购买了第一处供单户家庭使用的房子——结果赔了个精光，血本无归。

在金钱方面，我唯一信任的人就是我的房地产代理人。现在，那个根本不知道我想干什么的财务规划师已经成为历史了。罗伯特·清崎经常问的一个问题是："你有没有能够用来出租让你赚钱的房产？"现在，我们也经常这么问可能会成为我们财务规划师的人。

## 你也能过独立自主的生活

最初，当我们卖掉自住的房子时，我们并不知道我们的生活是会脱离正常的轨道，还是已经朝着财务自由迈出了正确的一步。在购买第一处房产之后，我们觉得自己作出了正确的选择。每当我们踌躇不前的时候，就会重温一遍"富爸爸"系列图书，或者再玩一遍"现金流"游戏。

当找到第二处房产的时候，我们就清清楚楚地知道我们的确选对了方向。一个决定就能给我们的生活带来这么大的变化，实在是太不可思议了。

以前，我们总是对自己充满信心：一定能实现财务自由。但其实我们并不知道，究竟怎样才能实现这个目标。是"现金流"游戏教会了我们怎么才能在生活中获胜。

更让我们感到高兴的是，我们克服了对未知事物的恐惧心理——如果卖掉房子会怎么样？如果我们相信自己，进行房地产投资又会怎么样？做完以后，我们才发现，它其实并不像我们想象的那么难。尽管距离我们的最终目标还有很长一段路，但是，我们知道自己的方向是正确的。我庆幸自己所做的一切，否则将来我一定会后悔，如果我当初一直沿着原路往前走，一定不会有现在的成就。

# 第 10 章
# 一个篱笆三个桩

梅塞德·霍尔

犹他州，盐湖城

在杨百翰大学读大四那年，机会敲响了我宿舍的门。当我打开宿舍门时，我发现我的朋友艾伦正气喘吁吁地站在门口，他非常激动，话讲得很快，我还以为他在说西班牙语呢。"你一定得读这本书，一定得读，"他一边重复这句话一边挥舞着一本紫色的书，"它讲的是有一个人有一个富爸爸。他自己的爸爸很穷，但是，他的富爸爸……"

我茫然地看着他，不知道他在说什么。我了解艾伦这个人，所以对他的大惊小怪一点儿都不觉得意外。这已经不是他第一次向我推荐书了。我把那本书从他手里夺了过来，答应他一定看，看完之后就还给他。

为了让自己能在紧张的学习中暂时放松一下，我开始看那本书。我发现自己被清崎和他的富爸爸的故事深深地吸引了。但是，繁重的学业压力让我无法集中精力去读它。那年我 21 岁，正在准备期中考试，还要写信息管理专业的毕业论文。那个时候，我即将从商学院毕业，正为找工作和毕业的事情忙得晕头转向。因此，我只能先把《富爸爸穷爸爸》放在一边，实际上我是把它还给了艾伦。他很高兴自己的书又回来了。

## X一代的困惑："这种事怎么会发生在我身上？"

毕业以后，我如愿以偿地进入一家刚刚起步的网络公司。和我的同龄人一样，我以为自己能从股市中赚大钱，然后就可以提前退休，享受生活了。那种辛辛苦苦工作几十年才能退休的生活方式，只属于上一代人。

但是，我的如意算盘很快就泡汤了——刚上班3个月我就失业了，手里持有的股票也变得一文不值。提前退休？这个想法随着纳斯达克指数的下跌而灰飞烟灭了。

后来，我找了一份做软件工程师的工作。这个时候我已经意识到，我不想受雇于人，不想为别人打工。每次发工资的时候，我都深切地体会到，为什么大家那么痛恨缴税。我感到难以置信：那么多钱竟然都不翼而飞了。大学毕业之前，我总是想，工作以后我可以买那么多自己喜欢的东西。但每次领完薪水，除去纳税、偿还汽车贷款、交房租，我不觉得自己比上学的时候富有多少。上中学的时候，我为了上大学而努力学习；考上大学以后，我为了能学自己喜欢的专业而努力学习；然后，我力争功课优秀、实习表现出色，就是为了找到那个宝藏——一份称心如意的工作。难道这就是我梦寐以求的工作吗？每天都坐在那个小方格子里，盯着显示器上的那些计算机代码，每周工作90个小时——这可不是我理想中的工作，更让我感到郁闷的是，我挣的大部分钱都不归我。

几个月后，我已经彻底厌倦了这种生活，并感到恼怒不已。这时，我又想起了清崎和他的富爸爸。回家以后，我跟我的丈夫杰夫——我们刚刚结婚——提起了以前艾伦硬塞给我看的那本紫色的书。我们决定去书店买一本，两个人一起看。读完之后，我们又买了《富爸爸财务自由之路》和《富爸爸投资指南》。

杰夫是个当企业家的好苗子。他总是知道别人在想什么，此外，他还非常擅长与人交流。但他从小接受的教育却是："企业家"是一个庸俗的字眼儿。在他家里，认为做生意的人低人一等，还把他们戏称为"唯利是图的人"。杰夫的父亲是一名老师，因此，他的很多想法与清崎的穷爸爸非常相似。

因此，杰夫一直按照别人期望的那样生活着。他考上了犹他大学，获得了日语专业和经济学专业的学士学位。毕业的时候，他的目标和我一样，也是找到一份好工作。

毕业之后，杰夫先后到几家大公司面试。他的学习成绩几乎无可挑剔，还多次获得各种奖学金，日语口语和写作也非常流利。尽管如此，在几轮面试之后，他的工作却还是没有着落。这让他感到很困惑。

一般情况下，杰夫总能坦然面对找工作的失利。但是有一次，他却感到难以接受。那一次，他和他的双胞胎兄弟乔恩（他们两人的专业恰好相同，平均成绩也不相上下）一起参加面试，并从1000个应聘者中脱颖而出，参加下一轮的面试。他们两人的应聘目标都是一家会计师事务所的金融分析师的职位，那家事务所是美国五大会计师事务所之一。从全校学生中选拔出来的精英参加了6次面试，最终，只有杰夫、乔恩和另外一个人获得了去旧金山总部参加最后一轮面试的机会。有消息说，有资格参加这一轮面试的人肯定能得到这份工作。

面试回来之后，杰夫和乔恩都异常紧张，电话终于来了：乔恩获得了银行财务部／业务部的一个职位，而杰夫则落选了。

我从来没见过杰夫这么沮丧。他感到很失落，不停地问我，以后的日子该怎么过。他已经做了大家希望他做的一切，现在他觉得自己很失败。于是，他听从了其他人善意的建议，决定去读研究生，学习商业信息系统专业。他觉得如果这样做，找到一份好工作的几率就会增加。因此，他参加了GMAT考试，并考上了一所很好的大学，2001年秋天开始上课。

但是我怀疑，继续接受教育是否真的对我们有所帮助。根据罗伯特·清崎的理论，继续深造只会让我们背负更多的债务。我们欠的债会越来越多，根本无法积累属于自己的资产。此外，杰夫研究生毕业之后，很可能还是要进入公司工作，而我痛恨我们都要为公司工作。

一天，我让杰夫坐下来，听我给他念《富爸爸投资指南》中的一些话。"首先你要确定，在哪个象限里最有可能获得长期的财务自由……"我指着E象限说，"你还没有达到专家的水平，雇主不可能付给你高薪，因此，你作为一名雇员可能永远赚不到足够的钱来投资。此外，你做事马虎，又很容易产生厌烦情绪，很难长时间集中注意力。你爱和别人抬杠，而且也不服从指挥。因此，你在E象限里获得成功的可能性极小。"

我们对视了一眼，心里都很清楚，我们不愿意下半辈子受雇于人。我们两人都不具备好员工应该具备的品质。杰夫也意识到，研究生院不适合他。尽管我也接受了大学教育，但我知道，我无法用我受到的教育去获得晋升的机会。知道自己究竟是什么样的人、要追求什么，才是我们的目标。

就这样，杰夫和我都成了罗伯特·清崎的忠实追随者。我们完全被他对待生意、对待生活的切实可行的方法打动了，动辄就引用他说过的话。"富爸爸说……"成了我们的口头禅。

## 我们开始改变

我辞掉了原来的工作，我们开始节省开支，依靠以前的积蓄生活。我们要开阔眼界，决定参加城里举办的各种讲座（无论内容是什么）。我们还购买了（现在还在购买）大量的磁带，内容涉及销售、金融、个人发展、工作激励和商业等。我们的目标非常明确：拥有自己的事业，退休的时候既年轻又富有。但是，和别的事情一样，这个目标并不容易实现。

我们第一宗生意就是和钱打交道：为信贷公司和急需现金的小企业牵线搭桥。这桩生意的启动费用是7000美元。6个月以后，我们的生意宣告结束，结果损失了1万美元。但是，我们从中获得了十分宝贵的经验。

糟糕的是，我们手里没有钱了。

"你们简直是疯了，你们不会成功的，还是去找一份正经的工作吧！"我们的朋友和家人反复劝说，试图让我们打消这种"迅速致富"的念头。在他们看来，这个主意一无是处。

但是，我们不断提醒自己两件事：富爸爸说过，失败是成功过程中的一个必经阶段；狄巴克·乔布拉则说，成功只是过程，而不是终点。正是这些话一直激励着我们前进。

现在我开始明白，为什么富爸爸一直告诉清崎，要想成为富人就要做好攀登珠穆朗玛峰的心理准备。如果你想当一个富人，你就必须全力以赴去实现这个目标。你必须有强烈的愿望，这样，你就会主动学习那些艰深的知识，无论它们有多么难懂。

我必须承认，这一时期是对我性格的考验。我性格上的弱点——胆怯与懒惰——随时都会来捣乱。有时候我会想，干脆找一份循规蹈矩的工作算了，再也不去想什么年轻退休的事；有时候我又想，我应该安分守己地做家庭主妇，让杰夫去赚钱养家。毕竟我只是个女人。我从小接受的教育就是，养家糊口是男人的天职。我经常会觉得自己缺乏安全感，支持不住了，便会放声大哭。

我们刚刚踏上这条路的时候，没有人告诉我什么时候"交作业"、什么时候"考试",因此我摸索得非常辛苦。有时候,因为没有老板告诉我干什么、什么时候干完,我会觉得很不适应。这的确很有趣:以前,我痛恨别人给我安排工作;现在,没有人对我发号施令了,我反而感到很失落。学会自律的确不是一件容易的事。

后来,杰夫大声宣布了他的想法:

"如果我们不考虑自己做生意,而是去找一份普通的工作,我们的收入足以应付各种开销。但是,将来会怎样?"杰夫问我,"我们不得不一直这样工作下去,一直到老。我们现在才20多岁,退休以后不可能指望社会保险。趁着现在还年轻,我们必须学会去做自己应该做的事情……我们没有所谓的'捷径'可走。"

我知道杰夫是对的。我们迟早要找出一个赚钱的办法,因为我们将来可能不愿意,或者不能继续工作。我们现在还年轻,还可以作出选择。

我们终于作出了决定——不再给别人打工。我们宁愿失败千百次,也不愿意在"老鼠赛跑"中度过余生。我们不再因为失败而自怨自艾,而是鼓足勇气继续前进,自始至终都牢记着我们的目标:年轻退休、生活富有。

富爸爸说过,大多数百万富翁成功之前都至少失败过3次。我们得出一个结论:下一步就是决定我们接下来要做什么生意。

## 东山再起

我们觉得,也许继续玩"现金流"游戏能对我们有所帮助。果然不出所料,又玩了很多回之后,我们从游戏中找到了摆脱"老鼠赛跑"的方法。我们的策略是,先买一套小一点儿的房子,这样就能获得一些被动收入。如果遇到合适的买主,我们就把房子卖掉,然后买更大的房子,获得更多的被动收入。毫无疑问,做大生意比小生意能让我们更快地摆脱"老鼠赛跑",但是,从小生意开始也是十分必要的。

然后,我们继续玩升级版的"现金流"游戏,并意识到,我们可以出卖一份资产,也就是把它变为现金,然后,用这些钱去买能够产生现金流的生意。有了做游戏的经验,我们决定将游戏中的策略付诸实施。我们双管齐下:现金 + 房地产 = 房产买卖。我们下一步的打算就是,购买一处房产。但我们知道,仅凭我们两人的实力是远远不够的。

我们希望乔恩也能加入我们。因为我们知道,他在那家会计师事务所做得并不顺心。公司里的氛围让他非常失望,他不喜欢公司的企业文化中所崇尚的那种自私自利、一心向上爬的风气。他很快就意识到,他进入这家公司是一个错误的选择,必须尽快找到另一条出路。

在工作中遭受挫折之前,乔恩也在读罗伯特·清崎的书。他牢记富爸爸的教诲,决定不再像他的同龄人那样消费。尽管来自周围的压力很大,他还是租了一套很便宜的房子,也没有买车,而且自己做午餐,他每个月的花销只占收入的1/3,这样,他工作10个月就能存2万美元。乔恩经常回味富爸爸的话:"富人不为金钱工作","不要死抱着工资不放",他用这些话来激励自己节约开支,以摆脱"老鼠赛跑"式的生活状态。我和乔恩经常探讨:无论升到什么职位,我们始终是雇员,只不过薪水高一些而已。

读了罗伯特·清崎的书,加上对自己工作的不满意,又意识到税收和花销吃掉了自己很大一部分薪水,乔恩觉得有必要重新考虑自己的工作计划(他原本打算在这家公司工作5年)。后来,他决定把5年缩短为1年,并在此期间尽量多学一些东西。让他惊喜的是,工作10个月以后,他被公司解雇了。

无论是乔恩失业之前还是之后,我们都力劝他和我们一起投资。但是，乔恩不愿意回到犹他州，他喜欢在旧金山生活。他决定和一个朋友合伙在海湾地区做进出口生意。但是，经过几个月的市场调查和成本分析，他意识到这桩生意赚不了钱。现在，我们都有了生意失败的经历。最终，乔恩还是经不起我们的软磨硬泡，回到了犹他州。"一个篱笆三个桩"，这样，我们的3人组合就正式形成了。我们决定进军房地产市场。

## 我们的游戏过程

接下来，我们看了上百处房子，逐一进行分析，从而判断哪一处最合适。道尔夫·德·鲁斯是"富爸爸"团队的顾问，也是《房地产巨头：如何利用银行的钱发财致富》一书的作者。他说他看过的房子、提出报价的房子和对方接受报价的房子三者比例是100∶10∶1。这也是我们当时处境的真实写照。我们用了好几个星期找遍了犹他州的房地产市场，却没有找到符合我们要求的房子。我们也的确看中了几处房子，但是，它们全部被优先卖给现金交易的买主了。

因此，我们更加卖力地四处找房子。我们不断分析、谈判，逐一报价，和几十个房地产代理人交涉。功夫不负有心人，杰夫找到了我们的第一处房产，那是一位老奶奶的房子，两居室的平房，屋子里还散发着猫尿的味道。房子的光线很暗，而且厨房、卫生间和房顶都需要翻修。有人甚至建议我们，干脆把房子推倒重盖。对方报价7.5万美元，我们还价4万美元，听到我们的报价，代理人非常吃惊。如果不是从道尔夫·德·鲁斯那里了解到，法律上规定房地产代理人有义务把所有的报价都告知卖主，我还以为她根本不打算把我们的报价告诉对方呢。尽管如此，我们还是书面递交了报价。最后，经过几个星期的考虑，卖主决定以4.5万美元出售这处房产，但条件是现金交易，而且要在接受报价之后7天内成交。

　　这个结果让我们彻底绝望了。那个时候，我们银行里的存款几乎还不够我们填肚子呢。当时的情况真是一个讽刺：我们居然对现金交易那么狂热。

　　于是，我们又找了一个能够支付现金的人入伙（房子买下来之后他还可以负责维修），但是，这个人太贪心了，他想从我们眼皮底下独自买下这套房子，他的报价是4.6万美元。"你们都这么年轻，我怎么能相信你们呢？"这是他离开时对我们说的最后一句话。

　　这时候，距离最后的成交期限只剩下3天时间了，我们只能报价5万美元。我们集思广益，经常通宵达旦，最后终于找到了一个筹集现金的办法。我们发现，可以把用做预付款的现金从信用卡中转到银行账户上。虽然当时的现金转账利率高达19%，但这样做的话我们在6个月内可以免付利息。我们确实这样做了：把杰夫、乔恩和我的信用卡放在一起，我们终于筹到了这笔钱。那套房子最后还是归我们所有了。（说到这里，我必须声明一点。我知道富爸爸反对滥用信用卡。我们决定这么做的时候也是慎之又慎的，事先已经分析了所有可能的金融风险。对于那些没有经验的人，或是缺乏金融知识的人，我不建议使用这种方法，应该根据风险与回报的比率来作决定。）

　　我们花了5万美元买下了那套房子，然后又用1.5万美元进行了维修。经过维修，房子的估价是11.5万美元。3个月后，我们以11.35万美元的价钱把它卖了出去。把信用卡的欠款还清之后，我们把剩下的钱当做原始资本。但是，根据富爸爸的理论，"买卖"房产并不是我们要追求的最终目标，我们的目标应该是获得被动收入。因此，我们现在还只是买卖人，而不是投资者。但是，富爸爸也说过，通过"房产买卖"可以帮助积累原始资本，从而进行投资。我们就是按照这个程序来做的。

我们利用一部分原始资本作为首付,在盐湖城买了一套房子,并很快就租了出去。这套房子花了我们15.99万美元,的确很划算。那个地区是城里雅皮士[①]聚居的地方,每套房子的平均月租金在1200～1600美元之间。由于我们翻修了房子,使之焕然一新,所以我们得以与房客签订了2年的租赁合同,月租金是1580美元。

下面就是这套供单户家庭使用的房子的收支明细(297平方米,6室4卫):

| 投资房地产需要支付的现金 | |
| --- | --- |
| 首付: | 7995美元 |
| 由我们支付的房地产买卖手续费: | 7150美元 |
| 由我们承担的修理费/翻新费: | 4500美元 |
| 合计: | 19645美元 |
| | |
| 每月现金流分析 | |
| 房租收入: | 1600美元 |
| 房屋空置造成的损失(5%): | 80美元 |
| 总收入: | 1520美元 |
| | |
| 每月支出: | |
| 各种税费(财产)和保险费: | 161美元 |

---

① 雅皮士是指西方国家中能干、有上进心的一类人,他们一般受过高等教育、具有较高的知识水平和技能,对奢华物品、高级享受十分热衷。

| | |
|---|---|
| 修理／维护费： | 0 美元 |

（根据我们签订的合同，房客承担维修费和垃圾处理费，并负责打扫庭院。）

| | |
|---|---|
| 储备金： | 20 美元 |
| 管理费（租金的 10%）： | 160 美元 |
| 月供（贷款 30 年，利率 5.8%）： | 960 美元 |
| 总支出： | 1301 美元 |
| | |
| 每月净现金流： | 219 美元 |

**现金的现金回报率**

| | |
|---|---|
| 每年现金流（219 美元 × 12）： | 2628 美元 |
| 现金投资金额： | 19645 美元 |
| 现金的现金回报率： | 13.4% |

现在，这套房子的估价是 21 万美元。

## 目前的投资状况

我们现在的投资策略是，买卖低档住房，购入并持有中档房产（就像我们上文提到的那种房子）。我们发现，在特殊的市场里我们可以以折扣价买入低档房产，经过维修之后再出售，从中赚取一定差价。此外，如果购买面积较小的房子，我们可以支付现金，这样就可以降低财务成本，确保我们不致赔本。然后，我们把这些房子卖给城里那些不太富裕的人，因为他们无力购买更好的房子。

由于低档房产不像中档房产那样能带来很多被动收入,所以我们一次只做一桩。每次都是现金交易——价钱从5万~15万美元不等——然后,根据价格决定是出售还是自己持有。到现在为止,我们已经购买了9处供单户家庭居住的住房,卖掉了5处,自己持有4处。

因为我们经营得很好,所以我们的房租要高出市场的平均价格。此外,我们会把房子修葺一新,这样就有人愿意出更高的房租——我们的房租大约高出平均房租10%。另外,我们买入房子的价钱低于市场价,因此无论是买入还是出租都能赢利。

我们对房客的要求也很高,我们会认真调查他们的信用等级、工作经历,以及介绍人的情况,等等。

以下就是我们刚刚购买的一处联式房屋的收支明细(232平方米,6室3卫):

---

**购买房产的价格:70000 美元**

**投资房地产需要支付的现金**
  首付:                                                  7000 美元
  由我们支付的房地产买卖手续费(已由卖主支付):0 美元
  由我们承担的修理费/翻新费:                35000 美元
  合计:                                                  42000 美元

**每月现金流分析**
  房租收入:                                            1825 美元
  房屋空置造成的损失(5%):                    91.25 美元
  总收入:                                                1733.75 美元

每月支出：

| | |
|---|---|
| 各种税费（财产）和保险费： | 208.30 美元 |
| 修理／维护费（房租的 6%）： | 109.50 美元 |
| 储备金： | 50 美元 |
| 打扫庭院： | 20 美元 |
| 管理费（租金的 10%）： | 182.50 美元 |
| 月供（贷款 30 年，利率 7%）： | 419.14 美元 |
| 总支出： | 989.44 美元 |
| | |
| 每月净现金流： | 744.31 美元 |

**现金的现金回报率**

| | |
|---|---|
| 每年现金流（744.31 美元 ×12）： | 8931.72 美元 |
| 现金投资金额： | 42000 美元 |
| 现金的现金回报率： | 21.27% |

现在，这套房子的估价是 16.45 万美元。

目前，我们正在为这套房子重新申请贷款，从而支付维修费和首付。我们通过增加贷款额度来筹集资金，这样，我们每个月要偿还的贷款就增加到了 698.57 美元，每个月的净收入则减少了大约 280 美元。不过，我们每个月还是有 650 美元的收入，而且，我们手里还有 4.2 万美元的现金可以用于下一次的投资。

下面是我们另外一处房产的收支明细（联式房屋，总面积 214 平方米，5 室 2 卫）：

**购买房产的价格：97000 美元**

**投资房地产需要支付的现金**

| | |
|---|---|
| 首付： | 9700 美元 |
| 由我们支付的房地产买卖手续费： | 2910 美元 |
| 由我们承担的修理费／翻新费： | 18000 美元 |
| 合计： | 30610 美元 |

**每月现金流分析**

| | |
|---|---|
| 房租收入： | 1600 美元 |
| 房屋空置造成的损失（5%）： | 80 美元 |
| 总收入： | 1520 美元 |

| | |
|---|---|
| 每月支出： | |
| 各种税费（财产）和保险费： | 192 美元 |
| 修理／维修费： | 96 美元 |
| 储备金： | 50 美元 |
| 打扫庭院： | 25 美元 |
| 管理费（租金的10%）： | 160 美元 |
| 月供（贷款30年，利率7%）： | 580.81 美元 |
| 总支出： | 1103.81 美元 |

| | |
|---|---|
| 每月净现金流： | 416.19 美元 |

**现金的现金回报率**

| | |
|---|---|
| 每年现金流（416.19 美元 ×12）： | 4994.28 美元 |

| | |
|---|---|
| 现金投资金额： | 30610 美元 |
| 现金的现金回报率： | 16.3% |

现在，这套房子的估价是 15.9 万美元。

到目前为止，我们购买的房子都是以市场价的 50%～60% 成交的。我们买的大部分房子只是表面上有一些小毛病，没有结构性的问题。在出售的时候，我们不收首付，手续费也是我们来交。买主都是向银行申请全额贷款，因此我们无须承担二次抵押贷款。只要房子一卖出去，就与我们毫无瓜葛了。

我们出售房子的明细与出租房子明细不同。以下就是我们出售的一处房子的明细（供单户家庭使用，总面积 78 平方米，2 室 1 卫）：

| | |
|---|---|
| 购买价格： | 48000 美元 |
| 首付： | 48000 美元 |
| 房地产买卖手续费（卖方支付，在这宗交易中，由银行支付）： | 0 美元 |
| 修理费／翻新费： | 250 美元 |
| （这套房子的前任房主是一位投资者，他全面翻新了房子，但是还没来得及出手就破产了。因此，这套房子属于丧失赎取权的房产。房子里的一切——从地毯到橱柜——全部都是崭新的，无可挑剔。） | |
| 每月支出： | 无 |

| | |
|---|---|
| 各种税费（财产）和保险费： | 无 |
| 管理费： | 无 |
| 月供： | 无 |
| 房租收入： | 无 |
| 每月支出：含在维修费之内 | |
| 净现金流： | 无 |
| 资产： | 48250 美元 |
| 估价： | 95000 美元 |
| 现金的现金回报率： | 无 |
| 总估价： | 47000 美元 |

后来，我们以 9.43 万美元的价格把这套房子卖了出去。买方从市政府获得了一笔补贴，用于支付交易的手续费，因此我们不用为这笔交易支付任何手续费。

**我们的总成本：48250 美元**

| | |
|---|---|
| 售出价格： | 94300 美元 |
| 总成本： | 48250 美元 |
| 净收入／资产收益： | 46050 美元 |

## 投资前后对比

我们是从 2002 年初春开始购买房产的。以下就是我们投资之前的经济状况：

| 非固定支出 | | 收入 | |
|---|---|---|---|
| 市政建设费*： | 400美元 | 母亲的资助： | 250美元 |
| 信用卡账单： | 253美元 | | |
| COBRA**： | 285美元 | | |
| 医疗费用**： | 100美元 | | |
| 手机费*： | 80美元 | | |
| 房租： | 400美元 | | |
| **固定支出** | | | |
| 食物*： | 300美元 | | |
| 煤气*： | 100美元 | | |
| 其他*： | 200美元 | | |
| 总支出： | 2118美元 | | |
| | | | |
| 收入： | 250美元 | | |
| 总开支： | 1868美元 | | |

注：*课税减免，指在计算所得税时可从纳税者所得总额中扣除的款项，如子女抚养费等。

**部分课税减免。

| 资产 | | 负债 | |
|---|---|---|---|
| 支票账户：梅塞德 | 230美元 | 汽车贷款： | 6397美元 |
| 杰夫 | 524美元 | 信用卡欠债： | 12478美元 |
| 小计： | 754美元 | 手机费： | 240美元 |

|  |  |  |  |
|---|---|---|---|
| | | 总负债： | 19115 美元 |
| 储蓄账户：梅塞德 | 440 美元 | 净负债： | |
| 杰夫 | 80 美元 | （总负债－总资产）： | 17841 美元 |
| 小计： | 520 美元 | | |
| 总资产： | 1274 美元 | | |

## 资产负债表

| 资产 | | 负债 | |
|---|---|---|---|
| 积蓄： | 65000 美元 | 信用卡： | 1500 美元 |
| 投资组合 | | | |
| 股票： | 2700 美元 | 汽车贷款： | 25000 美元 |
| 购销账： | 18500 美元 | 学校贷款： | 0 美元 |
| 房地产： | 890500 美元 | 抵押贷款： | 324000 美元 |
| 小计： | 976700 美元 | 小计： | 350500 美元 |
| | | | |
| 消费品 | | | |
| 汽车： | | | 36000 美元 |
| 珠宝： | | | 12000 美元 |
| 其他： | | | 15000 美元 |
| 小计： | | | 63000 美元 |
| | | | |
| 银行估算的总资产 | | | |
| （资产＋消费品）： | | | 1039700 美元 |
| | | | |
| 富爸爸估算的总资产 | | | |
| （只包括资产，不包括消费品）： | | | 976700 美元 |

银行估算的资本净值

（银行估算的总资产－总负债）： 689200 美元

富爸爸估算的资本净值

（富爸爸估算的总资产－总负债）： 626200 美元

## 损 益 表

**每个月的薪水收入**

  作为自由职业的抵押贷款经纪人： 10000 美元

  买卖住房（平均月收入）： 17500 美元

**每个月的被动收入**

  房地产（净收入）： 2900 美元

**每个月的投资组合收入**

  每个月的购销收入： 2000 美元

  每个月的总收入： 32400 美元

**每个月的开支**

  税款： 4860 美元

  信用卡付账： 150 美元

  房租： 500 美元

  汽车贷款： 800 美元

  衣食： 500 美元

  保险： 500 美元

| | |
|---|---|
| 手机费： | 200美元 |
| 总支出 | 7510美元 |
| 每个月节余 | 24890美元 |

## 我们的现状

现在，我们依然处于从现金流象限左侧到右侧的过渡时期。由于进行房屋买卖，所以我们可以说是处于"自由职业者"的S象限（这个时候我们已经开始进行投资了）。现在，我们正尝试经商，努力向"企业主"的B象限迈进。同时，我们也在进行房屋租赁，每个月都能获得被动收入，因此，我们也勉强算得上企业主。

我们3个人对自己从事的事业都十分投入。我决定遵循富爸爸的建议——富人不为钱工作。既然我们的主要投资方向是房地产，就应该尽可能多地学习有关抵押贷款的知识。现在，我已经获得了从业资格，是一名独立的抵押贷款经纪人，每天和不同的银行打交道。我喜欢这份工作，也从中学到了很多能够帮助我们投资的东西。更妙的是，这份工作还为我带来了不菲的收入，我当然不介意多赚一些钱。不过，我并不打算一辈子以此为业，一旦找到合适的抵押贷款顾问，我就不再做了。尽可能多地掌握知识显然是很明智的。

罗伯特·清崎说过，永远不要爱上你的投资对象。因此，虽然我们是从房地产起步的，但我们不想只局限于房地产。我们希望从事各种投资活动，只要有利可图。

我们的目标是购买并持有大型的房产，比如综合性建筑和商用建筑。我们不仅要在美国进行房地产投资，还要进行跨国投资。杰夫和乔恩听、说、读、写日语都非常流利，因此，我们打算到日本拓展我们的生意。乔恩还能说泰语，所以泰国也在我们的投资名单上。杰夫和乔恩都认识中国的汉字，他们想把业务扩展到中国（尤其因为中国蕴藏着巨大的商机）。杰夫和我都能讲西班牙语，因此，我们还想把业务扩展到拉丁美洲。

我是24岁的时候开始根据富爸爸的理论进行投资的。今年，我25岁。杰夫和乔恩开始投资的时候是28岁，所以你一定能猜到，他们现在29岁。我们开始创业的时候，资产负债表上没有资产，只有负债。我们的损益表上进的少、出的多，而那些支出大部分是用于购买华而不实的东西。那个时候，我们唯一的收入就是薪水。

在短短一年之内，我们已经购买了价值超过125万美元的房地产，其中自己持有的房产价值约89万美元。现在，我们不但有薪水收入，还有被动收入和证券组合收入。我们正在试图按照罗伯特和金的理财模式（他们开始创业的时候）去生活，也就是说，只把70%的收入用于消费，把10%的收入用于投资，10%的收入用于储蓄，10%的收入用于慈善事业。现在，我们不再花钱去买那些没有用的东西了。尽管我们已经有了自己的事业，我们的生活仍然非常节俭。不过，一旦我们成为富人（按照富爸爸的标准），我们就不必再这么节俭度日了。现在我们仍在思考退休对我们来说意味着什么，我想5年以后就会明白了。

## 投入必要的时间

尽管我们做的事情每个人都做得到，但在购买第一套房子之前，我们是花了一年的时间才改变自己固有的思维方式的。进行投资不仅需要充分的思想准备，还要了解相关的知识。我们还在不断地学习。对别人来说，这个过程需要的时间可能更短，也可能更长，这因人而异。

但是，无论这个准备的过程（比如说，从宏观和微观两方面学习房地产知识，熟练掌握有关投资的技能和金融方面的策略等）需要多长时间，我们想强调的是，它的确需要付出时间和精力。它还需要耐心和良好的自制力，尤其是对情绪的控制能力。这也是我们如此拥护富爸爸的原因。因为富爸爸在书里阐述了投资者需要克服的每一种情绪。

在房地产投资方面，我们把恐惧当做最大的心理障碍来克服。人们总是担心自己可能找不到合适的房地产项目，于是就匆匆忙忙地购买一处极差的房产，因为他们担心现在不买，以后就永远没有机会了。我们的观点是，宁可不做，也不买不理想的房产。我们也看到过这样的房主，他们总是担心找不到房客，因此，只要有人来看房，他们就把房子租给这个人（也许正是出于这个原因，房主才会遇到那么多噩梦般的事情）。

而我们宁可花上几个月时间寻找合适的房客，也不会随便把房子租给一个不爱惜房子、拖欠房租的人。

我们还见过这样的房主，他们总是担心自己要买的房子会有什么问题，而放弃了一桩绝好的生意。他们不去对房子做必要的检查，也不进行成本核算，因此他们无法预防可能出现的损失。

虽然我们鼓励他人去追求成功，但同时我们也想提醒大家，最基本的一条就是，不应该抱有一夜之间做成一笔大生意的心理。在我们周围有很多这样的"投资者"，他们试图把房子租出去或转手卖出去，结果却落了个破产的下场。事实上，我们的一套房子就是从这样一个"投资者"那里买来的。

因此，做好充分的准备是必不可少的。在我们准备好购买房产之前，一定要获得房地产投资方面的相关经验。比如，虽然不买房子，但我们会通过看书、上网查询、调查当地市场来向对方提出报价。不但如此，我们还与很多房地产代理人、经纪人、投资者进行交流，从他们那里获取很多有用的信息。只要你知道自己在做什么，并投入精力去做，你就会发现，房地产投资其实并不复杂。现在，我们依然每天都在学习。

在我们看来，投资房地产要想获得成功有两点非常关键：一方面要控制好自己的情绪，另一方面要保持虚心的态度，因为你每天都要不断地学习。

## 对 X 一代的忠告

杰夫、乔恩和我认识很多同龄人，他们的生活因为互联网产业的崩溃而变得混乱不堪。很多人的梦想破灭了，安全感也随之消失，取而代之的是对未来的恐惧。如果你也有这样的经历，就像我们曾经经历过的一样，你一定要记住：不要因为恐惧而停止追求梦想！

每天面对恐惧，就意味着要克服恐惧心理。你可以坚持自己的梦想，换一种方式去实现它，这样就不会再感到失望了。静下心来，好好想一想自己究竟要什么，然后努力去实现目标。在这一过程中，与志同道合的人结交，他们会支持你，而不是向你推销一些没有用的东西，比如401(k)退休金计划等。你最大的风险就是什么也不做。

如果没有罗伯特·清崎和他的那些顾问，杰夫现在很可能在读研究生，而我和乔恩则一边痛恨公司，一边又不得不为之工作。我们真的感谢富爸爸为我们指出了正确的方向！我们知道，自己还有很多东西要学习；我们也知道，在实现最终目标之前，还会遭遇很多失败。但我们仍然感到非常激动，迫不及待地要去实现梦想。谢谢你，富爸爸！

# 第 11 章
# 转变观念

肯·霍布森
宾夕法尼亚州，费城

我的休假计划非常简单：和我的妻子苏去百慕大，在粉红色的海滩上尽情放松。那是 1999 年，当时的我感到筋疲力尽，不想集中精力做任何事情，哪怕只是看一本书。

碰巧的是，苏让她的朋友推荐一些适合我们在旅途中看的书。《富爸爸穷爸爸》就是其中一本。于是，苏去买了一本，并把它塞进了旅行包。后来，我们的航班晚点了，我只好翻开这本书，开始读起来。结果，我在门口也看，在飞机上也看。当苏让我陪她去享受沙滩和阳光时，我告诉她我得先看完我正在看的那一章，然后才能陪她去。看完一遍以后，我又开始看第二遍。

它让我如此激动，我怎么能不一读再读呢？清崎在书中写到，没有计划是失败的根源。当我看到这里的时候不禁想到："他说的简直就是我！"这就是我的问题。

我知道一定有别的方法可以让我和我的家人实现财务自由，但是我不知道这个方法是什么。事实上，我身边到处都是这样的机会。当我还是孩子的时候，父母会载着我从新泽西去布鲁克林，拜访住在那里的亲戚。当时我就看到过很多房屋租赁的广告，还感到奇怪呢。现在我才明白，原来出租就意味着房主能源源不断地赚钱，每个月都有收入。我想起我们的邻居开了一家托儿所，他们每两年就租一辆新车。我这才明白：汽车是他们工作的需要。那些杂货店也是这个道理。"啊——原来他们就是这么做的！"我拍了一下脑袋，恍然大悟。到了这个时候，我才明白以前看到的很多事情究竟是怎么回事儿。

假期一结束，我就去买了另外几本"富爸爸"的书，还有磁带和"现金流"游戏。我如饥似渴地吸收着这些信息。

## 过去的经历都是序曲

在我成长的过程中，我从来不知道还可以从不同的角度去看待金钱。我的父母都经历过经济困难时期，因此，他们极度渴望经济上的安全感。他们的做法就是，为新泽西州和联邦政府工作35年。现在，他们依靠养老金生活。

我的父母都是典型的初级投资者。对他们而言，能够带来收入的投资简直匪夷所思——时至今日，他们仍然抱着这种观点。我认为这是一种典型的二战心态。我9岁那年，我们家欠了很多债。我还记得当时我亲眼看到父亲把账单从信箱里拿出来，不是带回家，而是塞到汽车坐垫下面。我们家的暖气被停掉以后，我和哥哥为了取暖，晚上就盘腿坐在睡袋里面。我们都知道家里遇到了麻烦，但从来没有人去谈论这些事情。

这种困窘的生活让我备受打击，而且给我留下一个泛泛的印象，那就是：要实现经济上的稳定，方法只有屈指可数的几种。我只能：

1. 辛辛苦苦工作几十年，然后靠退休金生活；
2. 存钱；
3. 找一个有钱人结婚。

事实上，我甚至无法告诉自己的孩子还有什么办法可以获得经济上的稳定。

我对自己面前的选择进行了一番分析，得出了一个结论：计算机产业是最有发展潜力的领域。除了一个当生物学家的姑姑之外，我是我们这个大家庭里唯一上大学的人。

在我的职业生涯中，每隔几年我就会获得提升。读到《富爸爸穷爸爸》这本书时，我在QVC公司担任项目经理和网络程序员，该公司拥有网上销售和电视购物的庞大网络。尽管我喜欢自己的工作，薪水也相当可观，但我仍觉得生活中缺了点儿什么。我知道，如果我一直工作下去，那么到我59岁半的时候，我就能享受401（k）计划（这是我和苏最大的一笔投资，此外还有6000美元投在股票市场）带来的种种好处了。这就意味着，我还要继续这样工作22年。

但是，我不想到了年近60还要去工作。我觉得应该有更好的、更聪明的实现"钱途"的办法。这个问题就像谜一样在我脑子里盘旋，弄得我心里痒痒的，我一定要找出谜底。我和苏都毕业于罗切斯特理工大学，专业是计算机科学。我们充分运用自己的智慧和经验，虽然苏成功地开发了账单服务的程序，但对于怎样实现财务自由还是没什么头绪。我一定要找出答案。

过去，我一直以为获得财务自由只有一条路，因为没有人告诉我还有其他选择。现在，我要踏上一条全新的路去实现我的"钱途"。富爸爸让我知道，机会无处不在。

## 第一步

在过去的两年里,我一边学习,一边实践。我们把投在股市的 6000 美元拿了出来,外加个人退休账户里的 1 万美元,开始进行房地产投资。(一个当股票经纪人的邻居说我这么做简直是疯了。但是,我从股市取出的钱现在还在房地产交易中为我赢利。如果我把那笔钱继续留在股市,现在已经损失 1/3 了。在股市投资就像坐过山车,上去的时候感觉既兴奋又刺激,下来的时候会让你的胃里如翻江倒海般难受。)

2000 年年中股市崩盘之前,我从买卖股票中赚了一些钱。我的大多数房产都是用这些钱购买的。我发现,房地产是最安全的投资方式。

## 我的游戏过程

我做的第一件事情就是调查。我加入了一个投资者团体,他们为像我这样的新手开办投资初级培训班。我花了 60 美元报名参加了一个周末班,这笔钱花得相当值。在这个班里,我了解了投资的概况,以及有关房屋维修的一些情况。其中包括实地查看维修之前和之后的房屋状况,内容涉及各项维修的费用:地板、水暖设备、房顶、石膏灰泥板等。这些课程的确非常实用——在购房总成本方面,它为初学者打下了坚实的基础。

- 下一步是制订投资计划。我首先确定了自己想要获得多少被动收入:每个月至少 150 美元(税后)。
- 然后,我确定了投资区域。距离我家最好不超过半小时的车程,我打算在这个范围之内寻找合适的房产。

- 之后，我对那个地段的房租进行了调查，确定和我比较感兴趣的那些房产相类似的房子的租金大概在什么价位。

- 调查完房租之后，我又对抵押贷款的情况作了调查，并大致估算了一下这个地区的税率。我还打听了房管协会会费、保险费、水费和污水处理费等。

- 调查完后，我把所有的成本加在一起，就是我的基本成本。我发现，照这样算下来，我看中的房子每个月都需要支付大约700美元。也就是说，我必须弄清楚这个地区的房租行情如何，能不能承担每个月850～900美元的价格。

- 我开始寻找价钱在5万～7万美元之间的房子，这样的房子每个月需要偿还的贷款在400～500美元之间。

这些房子都是丧失赎取权的房产。我在住房及城市发展部和退役军人管理局的网站上找到了这样一份清单（事实上，我还找到了一份更理想的清单，上面有当地法院列出的丧失赎取权的房屋的明细）。

我购买了3处这样的房子，都是供单户家庭居住，并且都在宾夕法尼亚州。这些房子是用我们的房屋净值贷款和在股市上赚到的钱买下的。（我知道很多人用他们的房屋净值贷款来还债、买船或者买其他不是资产的东西。我们的大部分债务都是用现金偿还的，这样我们就可以最大限度地利用信用卡贷款。的确是无债一身轻。）迄今为止，我做的所有房地产买卖的首付都是要价的10%。

下面就是我买的几处房产的收支明细：

## 房 产 一

**购买房产的价格：89000 美元**

**投资房地产需要支付的现金**

| | |
|---|---:|
| 首付： | 9000 美元 |
| 由我们支付的房地产买卖手续费： | 1800 美元 |
| 由我们承担的修理费／翻新费： | 3500 美元 |
| 合计： | 14300 美元 |

**每月现金流分析**

| | |
|---|---:|
| 房租收入： | 1075 美元 |

每月支出：

| | |
|---|---:|
| 各种税费（财产）和保险费： | 325 美元 |
| 修理和维护费用： | 0 美元 |
| 储备金： | 0 美元 |
| 管理费： | 0 美元 |
| 月供（贷款 30 年，利率 8%）： | 575 美元 |
| 总支出： | 900 美元 |
| 每月净现金流： | 175 美元 |

**现金的现金回报率**

| | |
|---|---:|
| 每年现金流（175 美元 × 12）： | 2100 美元 |
| 现金投资金额： | 14300 美元 |
| 现金的现金回报率： | 14.6% |

现在，这套房子的估价是 12.3 万美元。

## 房 产 二

**购买房产的价格：120000 美元**

**投资房地产需要支付的现金**
| | |
|---|---:|
| 首付： | 12000 美元 |
| 由我们支付的房地产买卖手续费： | 2400 美元 |
| 由我们承担的修理费／翻新费： | 1200 美元 |
| 合计： | 15600 美元 |

**每月现金状况分析**
| | |
|---|---:|
| 房租收入： | 1450 美元 |

每月支出：
| | |
|---|---:|
| 各种税费（财产）和保险费： | 432 美元 |
| 修理和维护费： | 0 美元 |
| 储备金： | 0 美元 |
| 管理费： | 0 美元 |
| 月供（贷款 30 年，利率 8%）： | 807 美元 |
| 总支出： | 1239 美元 |
| 每月净现金流： | 211 美元 |

**现金的现金回报率**
| | |
|---|---:|
| 每年现金流（211 美元 ×12）： | 2532 美元 |
| 现金投资金额： | 15600 美元 |
| 现金的现金回报率： | 16.2% |

现在，这套房子的估价是 15.6 万美元。

坦白地说，我也犯过错误。我的问题在于不能始终如一地坚持自己的投资计划。曾经有一处供单户家庭居住的房子，距离我的住处有几个小时的车程，各方面条件都比较合适。那套房子的厨房还能用——如果你闭上眼睛，就看不到金属橱柜上的铁锈了。我觉得 4 万美元应该可以买下来，然后转手 6 万美元卖出去。但是，这仅仅是我一厢情愿的想法，我忽略了市场行情。我应该马上以 4.5 万美元的价格把它卖出去，但我没有那么做。

一年以后，那间厨房依然那么刺眼，房子也依然未能出手。我用了 3 个月的时间来修理厨房和卫生间，一共花了 5000 美元。最终，我以 7.2 万美元的价钱把房子卖了出去。但是，由于房子在我手里的时间太长，因此付了很多房地产税。结果，这套房子甚至还赔了点钱。

不过，房地产市场是很宽容的，它总是能给你提供机会。

## 全新的征程

2001 年秋天，我宣布辞职，离开了 QVC 公司，从事新的工作。我在房地产交易中增强了自信，于是开始在国内最大的房地产投资经纪公司任职。现在，我可以为个人及合伙企业代理价值几百万美元的房产交易。有趣的是，尽管我没有销售经验，他们还是雇用了我，因为我了解投资市场，也熟知投资者的目标和心态。

坦率地讲，除了苏以外，所有认识我的人都觉得我疯了。我怎么能放弃那样一份稳定的工作，去做一名自由职业者呢——而且还是去做房地产投资？我很难向他们解释清楚，我辞职是因为原来那份工作对我来说已经没有任何吸引力了。毕竟，所有的电脑屏幕都是一模一样的。

但是，那些唱反调的人说，我以前也做过生意，却没什么结果。他们坚信，股票市场才是实现财务自由的途径。

我不这么看。我以前的生意之所以失败，是因为那只是我的工作。1998年，我确实开了一家网络服务公司，那个公司也的确以失败告终，因为我们的公司制度不完善。实际上，我只是一个计算机程序员，一个自由职业者，而不是企业主。

不过，我也不希望给大家留下一个错误的印象，那就是这个巨大的转变不费吹灰之力。在我开始投资的那一天就打算出售房产，但是没能如愿。第二天也一无所获。接下来的3个月里，我都没能把房子卖出去。我开始怀疑自己，脑子里不停地想："我究竟在干什么？我已经好几个月没有薪水了。"我甚至拿起电话，想要打给QVC公司，因为他们随时欢迎我回去工作。

但是，我想起了清崎说过的话："要分析，不要自责，不要做事后诸葛亮。"我深深地吸了一口气，对实际情况进行了一番分析，告诉自己再坚持一下。我供职的公司实力雄厚，机会无处不在。我过去的业绩提醒我，我知道自己在干什么。我和苏并不是草率地作出换工作的决定的，我们进行了反复的讨论，对正面和负面的两种情况都作了分析，然后一致认为这是正确的选择。

果然，不久之后事情就有了转机。我刚刚做成一笔交易，赚到的钱比我2001年一年在QVC公司赚的还要多。后面还有4宗交易在等着我，还有更多的交易正在进行中，包括一幢有着12套公寓的住宅楼，外带洗衣房。到新公司工作后的18个月里，我的薪水已经快要翻两番了。

## 生活掌握在你自己手里

我和苏有两个孩子，一个9岁，一个5岁，现在也在学习如何理财，因为我们和他们一起讨论应该怎么做。他们玩儿童版的"现金流"游戏①，因此知道购买那些华而不实的东西的危害性。

我们也经常与生意圈外的朋友一起玩"现金流"游戏。我们经常探讨人们对工作和金钱的恐惧，有的人仍然不愿意接受他们认为是冒险的事情。

过去，我的观点是：401（k）是一种低风险投资，因为它会尽量分散风险。现在，我认为如果一桩生意不能立竿见影地产生效益，那么它就有风险。没有明确的退出策略同样是一种风险。

从现在起的3年里，我的计划是进入经济的"快车道"，每个月的被动收入达到5000美元。不过即使是现在，我也享受着充分的自由。我自己选择工作时间，自己决定什么时候待在家里陪孩子玩，什么时候去钓鱼、打高尔夫球，什么时候带客户看房子。这种生活方式的确非常惬意。即使将来退休了，我还是要从事房地产投资经纪人的工作，因为我乐意帮助他人实现财务自由。

在过去的几年里，我学到了很多知识，而且现在仍在学习。对我而言，最重要的就是：

- 坚持自己的决定。
- 明白自己选择的是一条光明大道。
- 始终保持谦虚的心态。我总能学到更多的东西——不是所有的问题我都知道答案。
- 对自己所做的事情充满信心。我发现，只要我做了自己能做的事情，所有的问题都会迎刃而解。

―――――――――

① 罗伯特·清崎专为6～12岁儿童设计的教育游戏，儿童可以从快乐的游戏中学到简单的会计知识，了解"收入""支出""资产"和"负债"的概念及其关系，从小培养孩子的财商，帮助他们及早地做好进入现实世界、迎接人生挑战的准备。

- 要有耐心。我现在的时间表可能看上去不太现实，但是我最终一定能实现目标。
- 制订计划，并为实现目标而努力。

我还想强调一点。在以前的公司，我知道自己在做什么，因为那是我的专业。但是，对于改变自己的财务状况，我仍然缺乏信心。

从宣布辞职的那一天起，我就知道自己踏上了一条有风险的道路。如果没有学到那些投资方面的知识，如果没有意识到自己可以充分地运用这些知识，我永远都不会鼓起勇气作出那个决定。考虑到懒惰（即使是现在，我还是要不时督促自己开始工作）是我必须克服的障碍，我就每每为自己取得的成就而惊讶。不过重申一次，这些成就正是我要实现的目标。

我知道有很多专业人士每天都为了工作疲于奔命，因为他们要付账单，这肯定不是他们理想中的生活。但是，实现理想的办法的确存在，我已经找到了，你也一定能找到。

# 第四部分
# 大器早成

我相信，所有的孩子生下来都是既聪明又富有的。在这一部分里，一些年轻人将向我们讲述他们的故事。他们（一个来自阿拉巴马的10岁女孩儿，一个来自加利福尼亚的13岁男孩儿，两个来自印第安纳的大学三年级学生——他们俩是最好的朋友）的经历证明，学习财务知识永远都不嫌早。尽管阿莉森、杰克、戴维和迈克尔各自处在人生的不同阶段，他们身上却有一个共同之处：都在选择自己的生活方式，都在考虑如何获得被动收入，从而实现财务自由。

他们并不觉得接受别人的钱是天经地义的事，相反，他们都在设定目标，并想方设法实现目标，自己赚钱。尽管还在求学阶段，但他们都在学习如何掌握自己的生活。

和我一样，他们都有老师，告诉他们学习财务知识永远都不嫌早。他们的父母和那些具有创新精神的高中老师为他们提供了相关信息，这些信息让他们明白，任何年龄的人都可以自己赚钱。阿莉森在车里听到了她妈妈的《选择当富人》的磁带，然后想到了一个赚钱的办法；杰克看到父母根据"富爸爸"系列图书提供的信息进行房地产投资，觉得他自己也一样能做到；戴维和迈克尔正在攻读大学学位，他们不但把学到的财务知识应用到生活中去，还鼓励别人也像他们一样。他们在高中阶段就玩过"现金流"游戏，这改变了他们对很多问题的认识：自己想过什么样的生活，如何赚钱，自己对社会的影响，等等。通过游戏，他们开阔了眼界。等到上大学的时候，他们已经能够把理论很好地应用到实际中了。

没有人强迫他们制订一个赚钱的计划。他们的父母也没有威胁说要不给他们零用钱。他们是受了富爸爸的启发，自己走上这条"探险"之路的。

阿莉森、杰克、戴维和迈克尔自觉运用他们得到的信息，领先获得了理财方面的知识，然后采取了行动。他们向大家证明：无论是创业还是进行房地产投资，年龄都不是问题。他们毫不犹豫、无所畏惧。他们明白自己想要什么，然后朝着自己的目标努力。和那些成年人不同的是，没有人年复一年地告诫他们，什么事情不能做，什么事情不该做。他们勇于尝试、不怕失败，因而不断获得成功。他们不会让任何人、任何事阻碍他们实现自己的目标。

他们的身上体现了一种创业者的精神：勇于迎接挑战、不怕风险。为了实现自己的目标，他们不断提高财务技能，强化创业精神，并且乐此不疲。现在，他们已经明白了为别人工作、赚取薪水和积累资产、实现财务自由的区别所在。读过"富爸爸"系列图书、听过磁带、玩过"现金流"游戏之后，他们就知道机会在向他们招手，也知道自己能够更好地把握机会。他们都有一种"我想获得成功"的积极心态。

阿莉森、杰克、戴维和迈克尔还在继续学习：

- 零用钱和小费也能转化为资产，用来赚钱。
- 对未来投资意味着现在就要开始行动。一时的满足远不及长远的现金流动。
- 即使还是学生，他们也一样生活在现实社会中。他们知道什么是财务、什么是资产、什么是负债，知道为了获得财务自由应该做些什么。

- 为别人树立榜样，教会别人自己学到的知识，已经成为他们生活中一个重要的组成部分。
- 债务并不可怕，只要它是良性债务。他们知道，为了获得资产而产生的负债就是良性债务，这种做法很明智，因为它能为你带来收入，是你的钱在为你服务。
- 作为一个富人，生活中一件重要的事情就是回馈社会。

我们的下一代中有些人已经学会了如何依靠自己实现财务自由，这是富爸爸极力倡导的，每个人都应该学习。这些人就为我们树立了极好的榜样。他们很早就接受了这方面的教育，因此，投入时间和精力来学习如何赚钱对他们来说是再自然不过的事情了。在这一部分你将看到，他们已经知道，各种各样的机会在向他们招手。

这群人都精力充沛、善于思考，因此能不断获得成功。对于那些抱着"我希望自己有勇气这么做"的想法的人来说，他们的经历具有很大的启发意义。他们的热情和"我一定能做到"的观点极具感染力。接着读吧！

# 第 12 章
# 英雄出少年

阿莉森·库巴拉
佐治亚州，康明市

去年我上四年级，老师让我们写一篇作文，写一个鼓舞过自己的人。我首先想到的是妈妈，后来则写了一个班里谁也没有想到的人：罗伯特·清崎。他说的很多东西我都知道，因为妈妈开车送我和弟弟上学、购物或去其他地方的时候，总是在车里放《选择当富人》《富爸爸穷爸爸》的磁带。

妈妈还为我们买了儿童版的"现金流"游戏。我们全家都玩这个游戏，包括我的弟弟艾里克，他一度成了百万富翁，比我还早。当时他7岁，现在8岁。

听完那些磁带，我开始考虑如何从一个新的角度来赚钱。我每个星期的零用钱是5美元，我还会利用暑假和周末在街角卖柠檬汽水赚钱。但是，这些钱根本不够我花。

妈妈总是教育我和弟弟，把零用钱攒起来，然后去买自己想要的东西。有很多次，我在商店里看到自己梦寐以求的东西，然后央求妈妈预支一些零用钱。可她总是说"不行"！

我希望有更多的钱。为了实现这个目标，我决定自己做生意。

我今年9岁。在学校里我学到了很多东西,不过,是富爸爸告诉我,自己创业永远不嫌早。

起初我向邻居兜售小石头,供他们放在鱼缸里或是装饰用。妈妈认为这样做根本行不通,但是我挨家挨户地去卖,的确赚了一些钱。我还按照富爸爸和妈妈教我的,对自己的收支情况作了记录。

后来我决定卖蜡烛。上三年级的时候,我为我们班的圣诞晚会做过一些,而且我很喜欢做蜡烛。我在采购做蜡烛的原料的过程中,学到了一些新东西。

一开始,我依旧挨家挨户地去卖,或者站在大街上卖,但是并不成功。后来我决定在网上销售,因为那样谁也看不到我,年龄就不成问题了。

就这样,我成了一名企业主。妈妈帮我建立了一个网站。我印了一些名片,在学校和教堂散发。我还把零用钱省下来去买我需要的东西。只要接到订单,我就开始制作并发货。

我的启动资金大约是二三十美元,现在我已经赚了五六十美元了。我的生意做得不错,而且我已经有一个助手了——我的弟弟艾里克。

我觉得,只要我继续按照富爸爸的话去做,就一定能取得更大的成绩。找到适合自己的路并不难,我知道我可以选择一些自己喜欢的事情去做,然后把它变成我的事业,并让它正常运转起来。我还知道,只要我全心全意地去做一件事情,我就一定能成功,无论发生什么事情。而且,我的成绩单上全部都是A!

# 第 13 章
# 志在必得

杰克·科尔曼

加利福尼亚州，威尼斯

我刚刚买下了自己的第一处租赁房产。这套供单户家庭居住的房子在加利福尼亚州，3 室 2 卫，看起来非常新。这件事情听上去没什么奇怪的，但是，我今年只有 13 岁半。对我来说，进行房地产投资是很自然的事。如果我告诉你我为什么会得出这个结论，我想你一定会同意我的观点。

## 几年以前

"我也要玩这个游戏！"大约 3 年半以前，我看到父母正在玩一个新式的桌面游戏，于是就这样大声跟他们说。这个游戏让我想起了以前玩过的"大富翁"游戏，当时我非常喜欢它，但是不久之后就觉得它太简单了。而这个游戏看上去就有意思多了——而且还有一个非常吸引人的名字。

"现金流"游戏很有趣，在玩的同时，我还学了很多以前从来不知道的东西。我发现自己被这些东西深深地吸引住了，这让我感到很意外。之前我并不知道一处有价值的房产应该是什么样子，如何分析一张资产负债表。这个游戏让我知道了资产和负债的区别，以及如何就一处投资进行利润分析。这学起来并不难，涉及的计算也相当简单。我只是以前从来没见过数字还可以那样用。

最让我感到高兴的是，我发现了另外一种赚钱的方式，这是我以前从来没有想到的。毫无疑问，我喜欢花钱，但是，通过游戏介绍的那种方法来赚钱对我来说很新鲜。玩这个游戏之前，我觉得房产就是人们住的房子。现在我才知道为什么有的房子上挂着"供出租"的牌子，那些房子的主人想把房子租出去赚钱。换言之，房地产是有价值的。

但是，房地产并不是我学到的唯一的投资方式，我还了解了股票和共同基金之间的区别，我迟早能用得上这些。这个游戏让我明白，要想在股票市场上赚钱，你必须知道自己在干什么。

做完这个游戏之后，我会和父母一起探讨什么行得通、什么行不通，以及为什么。第一次玩的时候，我花了好几个小时才摆脱"老鼠赛跑"。几年以前，我们开始玩升级版的"现金流"游戏。现在我不到半个小时就能摆脱"老鼠赛跑"了。这个游戏带给我的最大好处就是，在采取行动之前，我能了解到我必须具备的知识。我觉得，我可以把游戏的规则运用到现实生活中。如果你知道自己在做什么，那么风险就会降低很多。在你迈向目标的过程中，你的恐惧心理也会大大减少。

## 为自己投资永远都不嫌早

大约六七岁的时候，我就在自己家门口摆了一个卖柠檬汽水的小摊，因为我家对面有一个教堂。我的生意很快就变得非常红火，因为星期天要做4次礼拜，人们做完礼拜从教堂出来，都是又热又渴。

接着，我用赚来的钱继续投资。我买了一台刨冰机，不但卖柠檬汽水，还卖各种口味的刨冰。在炎热的夏天，人们总是排着长队到我的小摊上买东西，那些冷饮几乎每次都是销售一空。很快我就用自己赚的钱买了第一台电脑。（为了攒钱买电脑，我还帮爸爸做生意、洗车，干别的活儿。）

在做生意的过程中，家里人给了我很大帮助。他们帮我了解原材料成本和销售价格之间的关系，劳动力价格如何影响利润（比如，我的朋友曾经帮我摆摊卖柠檬汽水，我要付给他们报酬），以及良好的宣传和促销的重要性。

五年级的时候，我开始专门为别人定做蜡烛。那一年，做蜡烛是我们的选修课。我发现自己很喜欢做蜡烛。更让我高兴的是，我发现人们喜欢买我做的蜡烛。

一天，父母带我去当地一家生意很好的饭店吃饭。我发现，每张桌子上都点着蜡烛。我从中看到了商机，于是，就去问老板我是否能给他们供货。经过协商，我得到了他们一个月的订单。

为了做这笔生意，我向妈妈借了500美元作为启动资金。我必须弄清楚手工制作蜡烛是否有利可图，其中一个环节就是估算我上学之前、放学以后、周末一共能做多少蜡烛。我发现，自己一个人做所有的蜡烛不是最佳选择。于是，我到网上进行了一番调查，并选中了一个生产蜡烛的公司。就这样，我不但找到了一个成品蜡烛的来源，还为自己找到了一个定做蜡烛的供应商。这实在是太棒了！

既然已经有了一个固定的成品蜡烛供应商，我就开始联系其他的饭店，和他们的老板商谈。我承诺给他们一定的优惠，比如免费送货。尽管我年纪不大，但他们还是认真听我说的话，相信我的能力，也相信我能说到做到。我的确没让他们失望，即使遇到突如其来的麻烦，我也没有惊慌失措。有一次，我向供应商下了订单之后，一家饭店突然提出削减订货数量。但是，我并没有因此而担心，因为蜡烛放不坏，我可以把多余的蜡烛卖给了另外一家饭店。

最近，我带着货品到社区的教堂参加犹太人光明节①。这个活动也进行募捐，并邀请孩子们自己动手做蜡烛。他们都喜欢这项活动。我把自己带来的各种主题蜡烛卖给了他们的父母，并把收入的一部分捐给了教堂。我知道回馈社会很重要。

一年以后，我把从妈妈那里借来的钱全部还给了她。我的蜡烛生意每年大约能赚1000美元。爸爸帮我在我的电脑上建立了一份财务报表，这样我就能把自己做生意的情况都记录下来。我定期让他看我的账目，这样我们就能知道我到底干得怎么样。我还告诉爸爸，我希望他的簿记员能帮我看看账目，以保证我所记的是正确的。

我最近做的一笔生意是为爸爸的公司做平面广告设计。这次经历给了我很大的启发。我花了8个小时进行设计，结果收入不菲。设计这个广告的收入比我做蜡烛生意一年赚的钱都多。但是，当我拿到薪水的时候，简直不敢相信自己竟然还要缴那么多税，而我拿到手的钱简直少得可怜。即使是在我这样的年纪，也感到太不公平了。

正是出于这个原因，我要感谢我的父母和富爸爸，他们告诉我要获得财务自由，因为这意味着无须依靠每周的薪水度日。在过去的几年里，我看到父母在进行房地产投资，于是我告诉他们，我也想买一套租赁房产，这样就可以为我以后上大学做准备，就可以实现财务自由了。

---

① 光明节是一个犹太教重要节日。该节日是纪念犹太人在马加比家族的领导下重新夺回耶路撒冷并将圣殿献给上帝，从公元前165年开始为犹太教徒所信守。

## 我的游戏过程

我首先学会的是让金钱为我工作。

房子的购买价格是 11.16 万美元，首付 5%。首付的那部分钱是我自己的积蓄，包括我成人礼①时收到的钱和做生意赚来的钱。由于我买的是新房，因此几年之内不会出现大笔的维修或翻新开销。我有为期 10 年的新房保证书，10 年之内的任何大修费用都由卖方承担。以后的维护费用则从房租收益中支出。下面就是购买这处房子的收支明细：

**投资房地产需要支付的现金**

| | |
|---|---|
| 首付： | 5580 美元 |
| 由我们支付的房地产买卖手续费： | 1520 美元 |
| 由我们承担的修理费／翻新费： | 0 美元 |
| 合计： | 7100 美元 |

**每月现金流分析**

| | |
|---|---|
| 房租收入： | 1125 美元 |
| 房屋空置造成的损失（佛罗里达租房行情看好）： | 0 美元 |
| 总收入： | 1125 美元 |

每月支出：
| | |
|---|---|
| 各种税费（财产）和保险费： | 350 美元 |

---

① 这里是指犹太人的成人礼。当女孩满 13 岁，男孩满 12 岁时，会为他们举行庆祝活动，庆贺成年。

| | |
|---|---|
| 修理和维护费： | 0 美元 |
| 储备金（每个月的现金收入会支付这笔费用）： | 25 美元 |
| 管理费（租金的 5%）： | 56.25 美元 |
| 月供（贷款 30 年，利率 6.5%）： | 670 美元 |
| 总支出： | 1101.25 美元 |
| | |
| 每月净现金流： | 23.75 美元 |

**现金的现金回报率**

| | |
|---|---|
| 每年现金流（23.75 美元 ×12）： | 285 美元 |
| 现金投资金额： | 7100 美元 |
| 现金的现金回报率： | 4% |

当然，我知道这笔钱并不多，但这只是我买的第一处房产，其收入情况已经和我父母买的第一处房产差不多了（事实上，我比他们做得好，因为他们买的第一处房产开始时还略有亏损）。我把这次交易当做赚钱的一个途径，因为房客为我支付每个月的贷款。尽管现金的现金回报率只有 4%（没有考虑房子升值和纳税方面的优惠），我已经在让金钱为我工作了，而且我的房子还有升值的潜力。现在，开发商已经把同类的房子卖到 12.6 万美元了，比我买的时候要高出 1.4 万美元。

两年以后，如果如我所料，这套房子开始升值，我就不必继续支付个人抵押贷款保险，这样收入就会有所增加。个人抵押贷款保险是银行在某些房产交易中要求贷方额外支付的一种保险。

再过一段时间，我还可以提高房租，这样也能增加我的月收入。我每个月的被动收入足以应付我的日常开销，所以我就可以专心致志地学习。考虑如何赚钱不会占用我的时间。如果房子升值到一定程度，我还可以申请二次抵押贷款，提取出现金来支付上大学的各种费用（还有一种选择，就是用这笔钱购买另一处房产）。这样的投资可以不断循环下去。

由于我没有收入来源（即使有，也不足以申请抵押贷款），也没有使用信用卡的经历，所以我的家人帮我申请了贷款。但是，我的名字也写在房契上面，和我父母的名字列在一起。所有的房租收入都会计入我的个人账户，所有的开销也会通过这个账户来支付。如果房子需要进行维护或修理，费用将从房租中支出。

富爸爸告诉我，要进行投资，就不要买那些华而不实的东西。我就是这么做的。

## 我只是刚刚起步

我学到的另一堂重要的课是怎么做生意才能让大家都从中获利。为了提醒大家关注我们的海洋，保护海洋生物，我想建造一艘私人潜艇，大约3米长、1米宽，能容纳两个人。建造这样一艘潜艇大约需要2.5万美元。我现在正在寻找公司为我提供赞助。作为交换条件，我可以让他们在我的亮黄色潜艇上做广告。

这样一来，提供赞助的公司可以做广告并进行充分的宣传，我则有钱建造自己的潜艇。这是一宗极好的生意，因为大家都会获得好处。

我的父母强调，接受教育是人生中一个重要的组成部分，但是，它并不是获得财务自由的基础。现在，我通过学习如何投资、如何理财，正在为打下一个坚实的财务基础而努力。尽管我现在已经不做柠檬汽水生意了，但我的蜡烛生意还在继续，而且我打算一直做下去。等我上了大学，我还打算雇一些人来替我打理蜡烛生意。

实现财务自由永远都不嫌早。

# 第 14 章
# 我们喜欢教人理财

戴维·霍西和迈克尔·斯莱特

印第安纳大学，三年级；普度大学，三年级

上大学是一种机会，也是一种特权，让人们能够寻找自己理想的生活方式。在我们看来，上大学有助于培养我们的兴趣，也为我们日后的工作打下了坚实的基础。但是，我们在高中毕业之前就接受了另外一种教育，这种教育让我们获益匪浅。我们两个人都是儿童企业家。现在，我们两人一个打算大学毕业之后开创自己的事业，另一个则已经拥有了自己的房产。我们都是普普通通的人，只不过非常幸运而已——一位老师改变了我们的命运。我们是在高中时结识这位老师的。

## 互相帮助

我们两个人都是在印第安纳波利斯长大的，上小学的时候就已经认识了，我们经常在一起做游戏。"大富翁"是我们两个人都非常喜欢玩的游戏，因为在这个游戏里，我们可以轻而易举地拥有很多很多钱，用来购买房地产、铁路和公共事业公司。

但是，金钱在现实生活中如何运转，对我们来说一直是个谜。直到我们临近高中毕业，才找到谜底。那时候我们有一门销售学方面的课程，是由戴夫·斯蒂芬斯先生教的。

从那门课程里，我们学到了学生真正需要了解的知识。斯蒂芬斯先生教会了我们在生活中获胜的必要技能。比如，在应聘的面试中如何表现，如何获得经营企业的技能，等等。接下来，我们还学习了如何进行房地产投资。（当时我们17岁，以前从来没想过这个问题。我们听说过房地产投资，但对其基本知识一窍不通。不管怎么说，一个学生怎么买得起房子呢？对此我们的确知之甚少。）从这门课程中，我们还学到了金钱的时间价值。比如说，我们今天用1美元就买不到20世纪60年代1美元能买到的那些东西。我们还了解到，投资的时机非常重要，但它并不是最重要的。把金钱投资在可靠的地方是积累财富的重要途径。这门课程鼓励我们根据自己的情况掌握学习进度。老师为我们推荐了一些图书，《富爸爸穷爸爸》就列在那份推荐书目上。

一天，斯蒂芬斯先生为我们带来了一个游戏。那个时候，我们对此并不感到意外，我们只想知道它是否有趣。接下来的3堂课里，我们一直在玩这个游戏。它就是"现金流"游戏。我们真的很喜欢它，觉得它很有意思。当然，我们也从中学到很多知识。这个游戏告诉我们如何摆脱"老鼠赛跑"，如何进行可靠的投资。我们面前的道路是毕业之后找一份工作，然后在若干年里都从事这份工作。现在，我们知道自己已经不是原来的自己了，希望有新的生活方式。这个游戏为我们提供了一幅蓝图，也让我们明白了为什么自己和原来不一样了。这个游戏最吸引人的地方就在于，它让我们看到了在现实生活中如何获得被动收入。

后来，有人提到还有一个儿童版的"现金流"游戏，这让我们突发奇想。有一个人提到他认识当地一所小学一位五年级的老师。

为什么不把这个游戏教给小学生呢?他们同样需要这些知识。为什么一定要等到高中才给他们开设这门课呢?

于是我们开始联系,安排人去给那个五年级的班上课。我们觉得,通过有趣的方式把这门课介绍给小学生是最好的办法。因此,我们编排了一些小品,其中包括《偷走现金的格林奇》。

这些10~11岁的孩子们非常喜欢这个游戏,他们领悟能力很强。我们很快就听到孩子们说出这样的话:"要想摆脱'老鼠赛跑',我的被动收入必须超过我的支出。"这让我们非常激动。我们知道,这些孩子已经学会了用全新的眼光看待生活——不仅仅是金钱观的变化。他们正在学习的课程可能是他们的父辈从来没接触过的。在这一点上,他们和我们经历相同。

高中毕业后,我们中的一些人认为向大学生传授财务知识也一定能收到预期的效果。这些学生又可以把他们学到的知识教给小孩子,还可以寓教于乐。对我们来说,这是一个起点。从那时起,我们开始在自己的社区里向他人传授财务知识,教他们如何成为一名企业家,如何理财。

## 伸出援助之手

为了实施我们的计划,我们成立了一个非营利组织,名为H.E.L.P., Inc.(Helping Educate Lots of People),旨在帮助更多人学习财务知识。这个组织使用儿童版的"现金流"游戏,向住在大学附近的孩子传授财务知识、理财方法,以及如何成为一名企业家。为了能让更多的孩子接受这种教育,我们扩大了范围,学员包括青少年发展群益会、格斯公司、小学、印第安纳州教育部委员会、国民会议、高中,等等。

这个组织还有好几个分会,包括普度大学分会、印第安纳大学分会、瓦伯什大学分会。我们未来的发展目标是鲍尔州立大学、印第安纳波利斯市印第安纳大学和珀德尤大学。迄今为止，每年都有超过100名大学生来给200多名年龄为10～12岁的孩子上课。我们已经找到了一个切实可行的方法。每个月，有10名致力于这个项目的大学生聚在一起学习这个游戏。然后，他们会教其他的大学生玩这个游戏，这些人再把这个游戏教给社区里的孩子们。这个过程很简单：学习、传授、实践。

我们今天所取得的一切充分说明，对于那些踌躇满志的年轻人来说，机会无处不在。我们希望别人也能获得我们学到的这些知识。他们一旦掌握了这些财务知识，就有了极大的优势，在生活中会更容易获得成功。我们的经历可能很多人都很熟悉——特别是对于成千上万具有创业精神的年轻人来说。和他们不同的是，我们在这个过程中获得了帮助，所以我们也想帮助其他人。

### 戴维：12岁创业，17岁出售自己的企业

在我成长的过程中，我一直在寻找商机。我12岁的时候，朋友们都在空闲时间里打篮球，我却利用这些时间回收铝制的食品罐。15岁的时候，我在祖母的乡村俱乐部当服务员，每周五和周六的晚上工作（直到现在，每当我放假回家都会去那里工作）。

有一年春天，我和一个朋友（他有一台割草机）成立了一个修整草坪的服务公司。这么做的原因很简单：我们的很多邻居都有草坪，他们要么对维护草坪不感兴趣，要么没有时间进行维护。因此，我们决定为他们提供修整草坪的服务。为了实施这个计划，我需要两样东西：一台割草机或者购买割草机的钱。于是，我去找姐姐商量。我告诉她我想干什么，每次能赚多少钱，以及利用放学之后的时间和周末我们能修整多少块草坪。我还向她保证，两个月后就把借她的钱还给她。

她被我说服了,她相信我知道自己在做什么。于是她借给了我500美元,不收利息。事实上,我只用了一个月就把钱还给了她(我一直非常感激姐姐,因为我知道,没有她的帮助我不可能做出今天的成绩)。

为了扩大生意,我们向高中老师们介绍了我们提供的服务。有的老师为我们推荐了那种可以为客户提供一夜住宿和早餐的活,于是我们也开始为那些客户提供服务。后来,我们的业务范围不断扩大,一些旅店、房主和商业机构也请我们去修整草坪。

当然,我们的服务也存在严重的后勤问题。由于我只有15岁,还不能开车,我只能雇朋友开车送我去挨家挨户地修草坪。后来我买了一辆卡车,雇朋友为我开了4个月。不过,我一拿到驾驶执照就自己开车了。

到高中毕业那年,我们已经雇了6个朋友为我们工作,按小时给他们支付报酬,每个月的5号和20号发薪水。几年下来,我们的公司一共赚了4万美元。在这笔钱里,1/3是我个人的赢利,1/3用于支付各种日常开支,其余的1/3用于支付工资。(我们成立这家公司3个月以后,我的合伙人就退出了,他不想再做生意了。后来的几年里,他确实为自己当初退出的决定感到后悔。)

考上大学以后,我就开始寻找机会购买属于自己的公司。进入大学3个月以后,我就无法满足要求修整草坪的客户的需求了,因此他们开始寻找其他公司来为他们服务。

我本来打算把我的公司卖给一个旅店老板,他可以每个月付给我200美元,一共支付5年。但是,我们达成协议之后,我的客户已经纷纷离我而去,我没有客户源可以提供了。因此,我以1500美元的价格卖掉了设备和卡车。

这次事件给我的教训是,在买卖过程中,应该请一位资深的顾问来做参谋。说实话,我学到了难忘的一课,那就是无论什么时候,如果对一桩生意的过程或程序不甚了解,就一定要请一位顾问。

我还了解到,如果没有一份行之有效的计划,为客户持续提供高质量的服务,一家公司很可能会在 3 个月之内关门大吉。我发现富爸爸的哲学确实有用,但是,它也极具挑战性,需要大量的工作、不懈的努力和周密的计划。

我修整草坪获得的收入确实是一场及时雨,在关键时刻发挥了作用。我的父母坚信我们兄弟姐妹必须接受良好的教育,不过他们也知道教育的费用应该由我们自己来出。我用通过修整草坪赚来的钱,以及卖掉割草机和卡车得来的钱,为自己支付了大学第一年的学费。

## 另一种大学经历

后来,我又相继做了一些生意。我知道,如果做得好,就能获得大量的被动收入。我的有些生意红红火火,有的却半途而废。尽管如此,每一次的经历都值得珍惜,因为我确实从中学到了很多知识。我后来做过的生意包括:

- 铲雪。一共做了两年,赚了 3000 美元。这桩生意和我高中时修整草坪的生意互为补充。我在高中三年级(美国四年制中学的三年级)时就购买了铲雪的设备,和我的一个高中同学共同经营。

- 给房子刷油漆。一个夏天赚了 2000 美元,全部是我一个人来做的。

- 网络营销分销。为了这桩生意,我投入了 300 美元和 75 小时,我参加培训,并为公司的其他人工作。但是,我发现很难让我的家人和朋友也加入,这让我觉得很别扭。不过,这段经历对我来说同样重要,因为这让我意识到,我必须找到适合自己的工作方式和前进方向，这一点很关键。

● 和另外两个人一起成立一家计算机公司，需要我投入 500 小时的时间，但是不需要投入金钱。当时，我们在与另外一家公司竞争，有 5000 美元的启动资金可供使用。我们研究出了一种只用屏幕，无须键盘汇总药品信息的办法。但是后来一个合伙人退出了，因此我们的项目无法继续进行。对我而言，这也是难得的经历，因为通过这件事我认识到，做生意一定要选择可以信赖的合伙人，尤其是涉及金钱、努力和时间的时候。

对我来说，H.E.L.P. 计划也是一宗生意，因为我对它全权负责。

我的经商能力与日俱增，对我其他方面的发展也有很大帮助。比如说，我募集了 7500 美元，组织了一次乐队比赛，从而为"女生之家"（一个为患乳癌的学生提供资助的基金会）募捐了 2000 美元。在过去的两年里，我帮助这个基金会募集了超过 4000 美元的善款。

除了做生意，我还在股票市场投资了 5000 美元。现在我已经不去关注股市的涨跌了，但是理财仍然是我日常生活中不可或缺的一部分。

## 信用卡未必能让你获得信用

我从来没想过要为自己的日常开销作预算。在我可以使用信用卡之前，我一直都用现金。在办理了信用卡之后，我还在想信用卡的几个用途：能够记录我的支出情况；可以替代现金，并且更加方便；使用方法简单。但是，在那个时候，我想到的还只是付账单，而不是如何进行预算。我从来没有支付过利息，但是，通过使用信用卡，我确实看到了自己在饮食、衣物和娱乐方面的开销有多么大。花钱大手大脚的确是我的毛病，但是一味回避这个问题也不是办法。不断地克服自身存在的缺点、不断成熟、不断完善自我是我的人生使命。现在，我无论干什么都通过现金、借记卡和网上支付。

我还在不断修正自己的消费观念。我会毫不犹豫地给服务员15%或者20%的小费，但同时，我也会寻找最经济实惠的金融服务。

外界的诱惑总是试图吸引我的注意力。有趣的是，这和我11岁时面临的情形一模一样。"出来玩吧"就是来自塞壬[①]的呼唤之一。不过，我把它当做对自己的挑战。的确，释放压力很重要，只是实现目标更加重要。

## 我看到了另一种未来

由于我现在还在大学读书，因此，我最迫切的目标就是获得企业管理和经济学的学位。在斯蒂芬斯先生给我们上经济学方面的课程之前，我不知道自己究竟想干什么。但是，现在我已经有了明确的前进方向。

我的一年计划是创办企业，开始建立自己的金融王国。我的五年计划是到那个时候能够决定自己是否打算退休。毫无疑问，我不想过那种朝九晚五、每周工作5天的生活，因为这样的生活无法让我实现自己的梦想和目标。一想到自己要过像电影《上班一条虫》里的那种生活，我就感到不寒而栗。

与此同时，我也非常珍惜这个向别人传授理财和投资知识的机

---

[①] 希腊神话故事中的一群女海妖，她们用美妙的歌声诱惑船上的船员，使船触礁沉没。

会，因为这些课程在学校是学不到的。有了这些知识，年轻人就能敲开创业之门，而不会被拒之门外。现在，我是所在宿舍的舍监助理，这份工作的回报是可以免除我的食宿费。我的部分工作是对住在那里的50名学生进行指导（他们大部分都是新生），回答他们提出的各种问题，如有关校园生活、求职前景等，组织各种学生活动也是我的工作。此外，我还负责教授创办企业需要具备的各种技能和领导力方面的知识。

在17岁的时候，我第一次感到自己能够主宰生活了。我意识到，我想成为一名企业家，创办自己的事业，过自己想要的生活，而不是强迫自己去适应生活。我告诉你，这种感觉好极了。主宰自己的生活既是一种责任，也是一种挑战。原有的目标实现之后，新的目标就会产生。要说服人们，让他们相信20岁的人也同样值得信赖并不容易。但你值得为之付出努力。

我曾经因为想法太多而被淹没在创意的海洋里，现在，我已经知道如何打造一艘小船，向着目标前进。这就是我想和大家分享的体会，因为我知道很多人都很有想法，却不知道如何把想法变成现实。对于那些认为自己与众不同的、不甘于办公室生活的年轻人来说，他们不仅有希望，还有切实可行的实现梦想和自由的途径。

## 迈克尔：从糖果小贩到当业主

从1989年到1991年，我在家门口的路口处经营一家糖果店。我看到人们有这种需求，就开了这个店。孩子们喜欢吃糖果，而当地唯一能买到糖果的地方就是超市，很多家长都不让自己的孩子去那儿。因为那里太远了，要沿着主路一直向前走，根本不像去临近的街区那么简单。

我问妈妈我能不能卖糖果，她说可以。我们一起去了萨姆俱乐部，她给我买了各种各样的糖果（我很清楚朋友们都喜欢什么样的糖果，因此轻而易举就挑出了我需要的那些种类）。到学校以后，我就告诉大家我开始卖糖果了，于是消息一传十、十传百。这些孩子很快就在我家门口排起了长队。我的经营之道很简单：把购买价格翻一番就是我的销售价格。把买糖果的钱付清之后，我每个月能赚几百美元。一年以后，我不再做糖果生意了。因为我们家遭到了抢劫，我和妈妈决定不再卖糖果了。

16岁那年，我进入了数字时代，并投资1000美元（这是祖母给我的礼物）给自己买了第一台计算机。我利用因特网申请了一个美国在线的账户，又建立了很多网站，为公司提供广告服务，然后根据点击率向他们收取费用。我的网站每天的点击率达到2000次，所以我每个星期能赚800美元。在4个月里，我赚了几千美元，之后网站的经营模式就发生了变化。

我承认，在选修斯蒂芬斯先生的课之前，我喜欢把自己赚来的钱挥霍一空——买汽车、汽车音响、找乐子、交女朋友——这个年龄的人爱做的事情我一件也没落下。但是，上了那门课之后，我重拾了曾经的企业家梦想。最后，我终于明白了如何实现财务自由，明白了钱不仅仅是用来赚和花的。

我从那门课学到的知识不但给我指明了投资方向，还让我的目标变得清晰起来。我知道，大学毕业之后，我要用5年时间创造被动收入，这笔收入要能够支付我的各种开支（包括抵押贷款、汽车贷款、食品等）。我的10年计划是到那个时候有能力退休——而不是真的就打算退休。

为了把这一切变为现实，我已经开始进行房地产投资了。

## 我的游戏过程

大学一年级的时候，我一直住在学校宿舍。后来，我决定和一个室友合租一套公寓。每个月的房租是 800 美元，我们两个人平摊。后来我们就搬进了这套结构和布局都很奇怪的房子，它就像一块楔形的馅饼。最初的兴奋劲儿过去之后，我意识到，从此以后自己每个月要向房主付 400 美元的房租。我知道，还有更好的选择。

于是，我对拉斐特①房地产市场的情况进行了一番调查。我发现当时是购买房产的最佳时机。因为那个时候的利率很低，而且好像每个人都在出售房子。对购房者来说，这简直就像一顿自助餐。

我每天都会花一点儿时间来找一处联式房屋。我的考虑是，这样我就可以自己住一套，再出租一套。在 8 个月里，我先后看了大约 40 处这样的房子，然后开始泄气了。这些房子大多是 1950 年以前建的，需要花费大量的时间来进行维修和保养，而我没有那么多时间。一天，我在报纸上看到一则广告，出售一处四单元住宅楼，而且"保证物有所值"。

我一看到这处房子就被吸引了。不仅因为它刚刚建成不到 5 年，还因为它比这里的大多数房子都好。每一个单元里都有壁炉，还有洗衣机和烘干机。顶层的房间里还有拱形的圆屋顶。如果能住在这样的房子里真是太惬意了。我一到那里，房主就拿出一份关于这套房子买卖情况的财务明细，这让我对这套房子更感兴趣了。

房主开价 24.5 万美元，他能接受的底线是 24 万美元。我知道应该找人对这套房子进行估价，估价的结果是 26.6 万美元。根据我过去所作的调查，鉴于当时的经济情况，大多数银行只要求支付 10% 的首付。我是根据对房子的估价来计算的。我找的那家银行是根据以下几个数字为我提供贷款的：他们认为房价是 26.6 万美元，

---

① 印第安纳州中西部城市，位于印第安纳波利斯西北部的沃巴什可河畔，是普度大学的校址所在地。

因此，10%的首付就是2.6万美元。他们完全是根据计算得出这个数字的。

但是，后来有一件事情引起了我的注意：如果我支付了10%的首付，那就意味着我要支付个人抵押贷款保险，这是银行要求支付的额外保险金，这样他们就能把贷款卖给其他银行了。如此一来，我每月支付的120美元的个人抵押贷款保险就会像打水漂一样不翼而飞了。为了避免支付这笔保险费用，我决定支付20%的首付。于是，我说服房主申请到了10%的二次抵押贷款，他同意了，这样我就不用支付那笔保险费用了。

为了以最优惠的条件取得贷款，我花了一个月时间先后与5家银行进行谈判。所有人对我都彬彬有礼、非常客气，但是，其中一位比其他人都热情，他愿意不惜一切代价向我提供贷款。我向每家银行都出具了财务证明和各种证件，但是这个人格外支持我（当时我只有20岁），自始至终全心全意地帮助我申请贷款。由于我在收入方面颇受限制，像我这样的购房者必须获得担保人的特殊许可。最终，我如愿以偿地申请到了贷款，属于利率可调节的那种，也就是说，5年之内利率都保持在6.375%不变。5年之后，利率可以根据当时的市场行情上下浮动。我每个月需要支付的贷款是1300美元。（尽管我更倾向于申请30年的贷款，因为这样一来，整个贷款期限内的利率都比较低，但以我的情况，这是我能申请到的唯一一种贷款。如果5年以后利率上涨，我可以考虑重新申请贷款。）

我给我的朋友戴维·霍西打电话，让他帮我分析一下这次交易的情况。如果我住在其中的一套房子里，我每个月要支付大约200美元才能收支相抵。以下就是我们分析的结果：

| | |
|---|---|
| 支付从银行申请的贷款： | 1300 美元 |
| 支付从业主那里申请的贷款： | 189 美元 |
| 各种税费： | 262 美元 |
| 合计： | 1751 美元 |

**各种开销**

　　管理费：108 美元（1800 美元的 6%，其中一套我自己住，每个月支付 200 美元）

　　修整草坪或清扫积雪的费用：视情况而定

　　保险费（财产保险）：大约 50 美元

　　不多的电费

**房租收入：1800 美元**

| | |
|---|---|
| 偿还贷款、支付税费合计： | 1751 美元 |
| 各种开销（管理费 108 美元 + 保险费和其他花销 92 美元）： | 200 美元 |
| （上下浮动 100 美元，取决于每年的下雪情况）： | 1951 美元 |
| 房租收入： | 1800 美元 |
| 现金支付的开销，低于我支付的房租： | 151 美元 |

　　也就是说，我每个月只需支付 151 美元，就能舒舒服服地住在一套公寓里，而且这套房子从此就归我所有了。这宗交易真是太好了。

　　申请到贷款之后，我被告知交易的手续费是 6000 美元，这意味着我又要从腰包里掏出 2000 美元，外加要向银行支付的 1 个百分点，也就是 2600 美元。但出乎意料的是，成交的时候我只需支付 625 美元。看样子卖方要支付更多的税费，比原来告诉他的要多。

直到成交之后的那个月，我才开始向银行偿还贷款。这样，我就先获得了1800美元的房租，可以先存在我的账户里。我之所以存这笔钱，是为了应付紧急的维修费和房屋空置的支出。

等我大学毕业以后就会搬出去，然后把顶层的那套房子以每个月625美元的租金租出去。到那个时候，我每个月的被动收入就会达到440美元。以下就是收入明细：

底层公寓595美元 + 水费与宠物费（如果适用）*25美元
底层公寓595美元 + 水费与宠物费（如果适用）25美元
顶层公寓625美元 + 水费与宠物费（如果适用）25美元
顶层公寓625美元 + 水费与宠物费（如果适用）25美元
总收入（6%的管理费=152.40美元）：　　　　　2540美元

偿还贷款、各种开销，上下浮动约100美元，取决于每年的
　降雪情况：　　　　　　　　　　　　　　　　2100美元
每个月被动收入：　　　　　　　　　　　　　　440美元

注：*每个月对宠物收取的费用为25美元。如果有宠物，房客要预付200美元，其中100美元是不用退还的。

**现金的现金回报率**
　每年的现金流（440美元×12）：　　　　　　5280美元
　投资于房产的现金：　　　　　　　　　　　　625美元
　现金的现金回报率：　　　　　　　　　　　　845%

就房产的升值情况来看，投资性房产是根据其产生的效益来进行估价的。如果房租上涨，这处房子的估价也可能会随之提高。我

知道这套房子一定会升值，因为马路对面正在修建一个小型的购物中心。无论你是卖糖果还是卖房地产，位置都至关重要。

我是这样看这次投资的：我只投入了625美元，就有了舒适的公寓可以住，每个月还有被动收入。现在根据估价，我拥有2.6万美元的财产。毕业之后，这个数字还会增加。我计划从这笔钱中拿出一部分继续购买房产。

购买这处房子的时候，我认为还有一点不能不提。在投资过程中，我的很多亲戚和朋友都提出了反对意见，他们并不赞同我才21岁就进行房地产投资。有人甚至说我得亲自修理那些漏水的马桶，还要应付那些难缠的房客。那么，我哪里还有时间学习我的计算机专业呢？更不用说干别的事情了。

而事实是，这套房子完全是由一家值得信赖的公司来管理的。他们全权负责所有的事情：从房屋出租到与房客进行交涉（比如房客拖欠房租，或者抱怨房子不好），到修整草坪。尽管该公司并不支付某些费用，如修整草坪，但是，他们会进行监督，以确保所有的事情都井井有条。我所要做的事就是每月看看经营情况的财务报表，甚至连银行都不用去，因为我的支票已经直接预存在我的银行账户里了。

## 投资不仅仅是为了"养老"

事实证明，像我这样一个大学三年级的学生，购买这样一处房产是一次绝好的投资。如果我在高中时没有学习那些财务知识，那么我一定还像我的大部分同学一样，支付着高昂的房租，最终一无所获。我的很多同龄人一有余钱就会去买衣服、买车，而我更愿意用这些钱来投资，并从中获益。我可以用一部分收入购买我需要的东西，另一部分则继续投资，赚更多的钱。

通过房地产投资，我也学到了一些关于风险的知识。对我来说，风险不是自己做生意或者进行房地产投资，而是依赖政府，从现在开始向政府缴纳为期40年的社会保险。换言之，风险就是工作40年，然后被解雇，并死死抓住401（k）计划这棵毫无价值的救命稻草。

当然我也面临着一些障碍，我担心有的机会可能是陷阱。但是我正在学着"用分析代替指责"，这就是我和别人的区别。

不过，我也养成了一个好习惯。我现在每天都要花10分钟对自己的收入和支出情况作记录。我知道自己有多少钱，都放在哪里。我把赚来的钱的10%存入我的投资账户，另外10%用于慈善事业。现在，我利用周末时间为电路城①工作，同时还经营一家网络维护公司，这家公司现在有140位客户，而且客户的数量还在稳定增长。

### 戴维和迈克尔：我们要活到老，学到老

除了上大学、攻读学位，我们还在朝着财务自由的目标而努力。我们经常浏览广告，与同龄人进行交流，从而寻求并分析投资的机会。

由于我们之前接受了必要的财商教育，我们的"钱途"变得一片光明。每天早晨醒来，我们都为能主宰自己的生活而兴奋不已。我们现在觉得自己很富有。最重要的是，我们能和别人分享自己的经历和体会。

我们认识了很多人，他们并没有发现自己的潜力，因为局限于他们的"专业"而不敢越雷池一步。我们想对他们、对所有的人说：不要害怕，勇敢地追求自己的梦想吧。相信我们，没有什么事比这更令人振奋了。

---

① 美国第二大消费类电子产品零售商。

# 第五部分
# 另辟蹊径

富爸爸告诉我，接受必要的财商教育对每个人来说都很重要。对那些经常和钱打交道的人来说——比如从事税务咨询、财务规划和自己做生意的人——与他人分享自己的财务知识就尤为重要。

很多提供个人理财咨询服务的人都告诉我，富爸爸的观念改变了他们对"钱途"的看法，也让他们明白了应该如何应对自己的客户。这并不是说他们对自己的工作不够尽职尽责。事实上，他们在工作上投入了相当多的时间和精力，竭尽所能为客户提供最好的服务。他们按照传统的方式来为客户提供个人理财方面的咨询，但得到的回报往往小于自己的付出。事关他们自己"钱途"的时候，也存在同样的问题。

当他们根据富爸爸的建议对客户进行理财指导时，客户就能完全掌握自己的"钱途"，这样他们与客户之间的关系就更加密切，获得的回报也更加丰厚了。

在富爸爸的帮助之下，他们的金钱观也发生了变化。他们改变了自己的思维方式，把自己当成富人来看待。他们不但改变了自己的工作方式，从而改善了客户的经济情况，同时也改变了自己的理财方式。很多理财专家都担心教会客户理财就会失去这个客户，但是这些人的经历表明，通过为客户提供更好的服务，他们与客户的关系反而会更加密切。同时，客户也更愿意与他们建立长期的合作关系，因为在指导投资者的过程中，这些理财专家投入的不仅仅是金钱，还有时间。

在这一部分，你将读到汤姆·惠尔赖特的故事。他来自亚利桑那州，是一名经验丰富的会计师，他曾经与"富爸爸"团队的顾问之一 ——黛安娜·肯尼迪合作过。你将了解到，汤姆和他的搭档安·玛蒂斯是如何为客户提供理财方面的咨询，从而使那些人拥有一个美好的"钱途"。他们还把富爸爸的理论应用于自己的日常生活，进行房地产投资，这是他们以前从来没有想过的事情。与此同时，他们还不断拓展自己的业务。

你还将读到布赖恩·伊格尔哈特的故事。和我一样，布赖恩也是海军陆战队的老兵（在我写这篇文章的时候，他正在伊拉克作战）。他在俄勒冈州从事财务顾问的工作，一度负债累累。后来，他根据富爸爸的理论，用全新的方式来进行财务规划。这样，他不但帮助客户实现了财务自由，他自己的负债也大大减少，每个月的收入也增加了，还能为慈善事业多作一份贡献。他完全实现了财务自由，过上了独立自主的生活。他的故事非常有趣，因此，在富爸爸的一个宣传片里，他向大家讲述了自己的经历。

有一些自己做生意的人也会把他们获得财务自由的故事发给我们。因此在这一部分中，你还将读到米歇尔·拉罗斯的故事。她来自康涅狄格州，是一位出色的企业家。在读完"富爸爸"系列图书、看完相关的录像带之后，她改变了以往的经营方式。她学到及应用的都是一些基本知识，而这些知识往往被人们所忽略。富爸爸经常强调，要先支付自己，再支付账单。在米歇尔的例子中，我们可以清楚地看到，米歇尔按照这一指导做了以后，她的公司迅速发展，不断壮大起来。

泰里·鲍尔索克也是一位相当成功的企业家。她是在亚利桑那州做家具生意起家的，后来她的公司业务遍及全国，资产达到几百万美元。她是在克服了学习方面的障碍之后获得巨大成功的，因此，好几家全国性的杂志和电视节目都报道过她的故事。尽管如此，富爸爸还是能够为她提供获得新的成功的机会，而且都是她闻所未闻的。她的经历告诉我们，机会无处不在——无论你现在已经取得了多大的成就。

如果你是一名财务顾问，或者是一位企业家，希望不断提高自己的业绩，积累个人财富，那么你一定要听一听汤姆、布赖恩、米歇尔和泰里的忠告。通过教授别人财务知识，他们不但拥有了光明的"钱途"，也帮助客户扩大了事业、实现了财务自由。他们的经历充分说明：成功无极限。

# 第 15 章
# 让金钱为我们工作

*汤姆·惠尔赖特*

*亚利桑那州，滕比*①

首先，我和我的搭档安·玛蒂斯要说明一件事：我们是富爸爸公司的外聘会计师。这样一来，似乎我们顺理成章地应该知道富爸爸课程的所有信息。其实不然。尽管我们都有扎实的专业知识和丰富的从业经验——我们都获得了税务专业的硕士学位，而且都有相当长时间的从业经历——但是，在接触了富爸爸公司的同事之后，我们对于金钱和投资的看法发生了很大的转变。这一变化所带来的影响，无论是对我们本人、我们的雇员还是我们的客户来说都非常深远。

我和安是两年前成为搭档的，不过在携手合作之前，我们都在寻找教授客户理财知识的最佳途径。我们先是各自摸索，然后开始合作。我们发现，人们知道得越多，我们就能为他们提供越好的服务。

---

① 位于美国亚利桑那州中南部凤凰城东面的一座城市，是旅游胜地和亚利桑那州立大学所在地。

凑巧的是，由于客户数量不断增加，"富爸爸"团队的顾问之一黛安娜·肯尼迪当时为了能全力为自己的新书《富人的秘诀——富人怎样多赚钱少纳税》作宣传，正在寻找助理。与此同时，我们也在寻求合作机会，从而更好地推广我们的税务和财会方面的专业服务。在我们见面之前，黛安娜要求我们先读一读《富爸爸穷爸爸》这本书，我们一下子就爱上了富爸爸的财商理念。被黛安娜邀请玩了"现金流"游戏后，我们被彻底征服了。

我和安发现，在一起做游戏的过程中我们合作得更加默契了。虽然我们过去的合作也很愉快，但在投资和制订新的战略计划方面，运用富爸爸的语言能够让我们更有效地交流信息、交换意见。在这个游戏中，我们可以坦然地面对风险，可以随心所欲地使用那些虚拟的钱，由于可以预测事情的发展态势，风险管理就变得容易了许多。在这个游戏中，我们可以对可能遇到的风险进行反复权衡，这样在作出选择时就不会那么害怕了。很快，我们就能根据手中的纸牌来预测潜在的危险，从而采取必要的行动。这是一个效果极好的智力游戏。

久而久之，我们就养成了迅速、果断作出决定的习惯。有时候，我们那么轻易地就决定扩大业务范围，这让人们颇感惊讶。我们从来不反对冒险，但是现在我们可以更理智地对风险进行分析。这一变化对我们的生意产生了至关重要的影响。在过去的一年里，由于我们的业务持续增长，员工数量已经翻了一番。

我们的员工也经常和我们一起玩这个游戏。现在，他们都成了房地产投资者，其中包括一些薪水并不高的员工。这是他们以前从来没想过的事情。有的人还把这个游戏教给其他人。我和安都非常赞成富爸爸的工作理念：做自己喜欢的工作，而不是因为需要那份薪水才去工作。

我们每个月还和我们的客户一起玩这个游戏。事实上，我们对客户的要求是，做财务规划的第一步就是玩"现金流"游戏，即使这个主意听起来让他们觉得很愚蠢。我们告诉客户，参与这个游戏能扩展对于财务的认识，这一点是其他任何知识都无法替代的。我们认为"现金流"游戏是一个很好的教学工具，能够教会人们有关会计原理、缴税策略、财务管理、一般性投资等方面的知识。我们的客户在做完这个游戏后都发现它很有启发意义，所以不由自主地喜欢上了它。

在第一次玩这个游戏的时候，客户们的游戏策略往往能够反映出他们以前的投资理念。但是，第二次、第三次做这个游戏的时候，他们就会改变自己的投资方式，然后进一步改变金钱观和投资观。除此之外，还有更有益的一点：有很多次，那些一起玩这个游戏的夫妇向我们反映，他们的夫妻关系因此得到了很大改善。

客户信任我们，放心地听取我们提供的理财和投资建议。我们也乐于为他们提供服务，帮助他们获得更多的利益。看到他们生活中发生的可喜变化，我们受到了极大的鼓舞，希望能为他们提供更多、更好的服务。

我们的做法引起了连锁反应。最近，我们邀请一位做股票经纪人的朋友和我们一起玩这个游戏。在游戏过程中，我们一直观察他的反应。显然，他对自己取得的成绩不满意。从他离开时脸上的表情来看，我们担心以后再也见不到他了。

一个月以后，他打电话告诉我们，他刚刚做成了他的第一桩房地产生意，他把这一切都归功于和我们玩的那个游戏。

当我们和父母、兄弟姐妹、配偶及子女一起玩这个游戏的时候，我们发现他们的观念也发生了同样的变化。13岁的萨姆·惠尔赖特和他的家人、朋友一起玩这个游戏。现在，他经常说将来要购买房产、不为别人打工。萨姆这个孩子天生就是做生意的料。他说，他正在学习自己最擅长的东西，只要充分发挥这份天赋，他将来一定能成为一个富人。

我们经常可以看到，孩子们会比他们的父母更快摆脱"老鼠赛跑"的陷阱，这是因为他们勇于尝试新事物。那些思想单纯、无所畏惧、不受世俗观念影响的人更容易抓住机遇。

## 我们是会计师，但同时也是投资者

过去，我们两人都没有经历过囊中羞涩的困窘，但是同样也没有完全实现财务自由。我们一直在自由职业者的 S 象限里足不前。

但是，情况已经今非昔比了。我们已经不再满足于做自由职业者了，我们打算成立一家会计师事务所，赚更多的钱。我们打算把赚来的钱用于投资，这样，不需要把所有精力都投入事务所就能获得收入。在我们学到的诸多知识中，很重要的一点就是：投资离不开团队的力量。这个团队包括律师、银行经理、房地产经纪人等，有了他们的帮助我们才能实现目标。

我们的团队成员也包括黛安娜·肯尼迪。正是因为有了这个团队的帮助，我们才能成立自己的事务所，而且又无须事必躬亲。作为会计师，我们的主要工作就是税务和财务规划。我们不是保险代理人、股票经纪人和私人银行家。

我们觉得自己非常幸运，因为我们的员工承担了很多责任，并且全心全意为公司着想，为客户提供优质服务。

现在，我们让金钱为我们工作。这反映了我们在投资理念方面的巨大转变，不仅包括职业方面的，也包括个人生活方面的。在接受了富爸爸的理财哲学之后，我们就取消了 401（k）计划。过去，我们的财务规划只有这些投资和共同基金。现在，我们知道还有更好的、更长远的理财策略。

在过去的几个月里，我和安投资开发石油和天然气。现在，我们正致力于购买供多户家庭居住的房产和商用房产。对我们来说，这是全新的体验。去年，我们连想都没想过自己会进行这样的投资。

在投资和为客户提供咨询服务的过程中，我们体会到了房地产的奇妙之处。我们发现，进行房地产投资意味着可以用别人的钱来赚钱。我们每天都告诉客户，即使他们投资的是一处收益平常的房产，也会比其他任何形式的投资赚钱更快。最妙的是，进行房地产投资还可以享受很多税收方面的优惠，这样，不但可以为自己省钱，还能为别人省钱。这确实是一个奇迹！

我们也面临着许多人都抱怨不休的问题：工作占用了太多的精力，因此根本没有时间来理财。但是，我们建立的团队，我们理财观念的巨大变化给了我们很大的帮助，这样，我们就能按部就班地进行各种投资了。

今后的 5～10 年里，我们的目标是把会计师事务所发展成一个全国性的商业咨询公司，从而为成千上万的人提供更好的理财服务。

对我们来说，学习了富爸爸的理论之后，最大的收益就是能把这些理财知识传授给更多的人，这样，他们就不必继续依赖那些理财方面的陈词滥调和那些不适合自己的投资方式了。

## 我们已经打下了坚实的基础

我和安都非常幸运，因为我们的父母教导我们，这个世界上没有不可能的事情。我小的时候，父亲已经是一位企业家了。他和他的哥哥一起经营一家印刷公司，一共有 50 名员工。他们把公司打理得井井有条，事业相当成功。我的母亲是检验员，我的兄弟姐妹在生产部门工作。毋庸置疑，我在财务部工作，但这并不是全部：我的父母还拥有房产。因此，我很小的时候就知道做生意的重要性了。

但是，尽管我从小就知道这些概念，却从来没想过自己要去做这些事情，更不用说把这些观念灌输给别人了，直到我后来接触了富爸爸的理论。我第一次玩"现金流"游戏并摆脱"老鼠赛跑"的时候，就知道自己能够做什么了。我现在40多岁，在大公司里工作了很多年，有着丰富的经验。现在是时候掌握自己的"钱途"和生活了。

当别人向我咨询的时候，我总是告诉他们：广泛收集信息，不耻下问，做自己应该做的事情，把精力放在自己喜欢的事上，而不是自己需要的事上。接下来，一切都会变得顺理成章。

# 第 16 章
# 全新的策略

布赖恩·伊格尔哈特

俄勒冈州，波特兰市

22 岁那年，我徘徊在经济危机的悬崖边缘，只要一阵风就能把我刮进万劫不复的金钱深渊。

当时，我负债 6.6 万美元，包括大学生助学贷款（我毕业于波特兰州立大学，获得了商业管理／金融专业和非洲研究专业的双学位）和汽车贷款，此外，还有一些无节制的消费，这一切几乎要把我压垮了。我觉得自己是在仰人鼻息，对自己的处境无能为力，这种滋味非常难受。这种处境也有点儿讽刺意味。因为我从事的是财务咨询工作，却依靠每个月的薪水度日，而且总是把所有的薪水花得精光。

直到那一刻，我一直都是按照别人为我设计好的方式来生活的：尽可能接受好的教育或者学习一门手艺，然后找一份好工作并为之奋斗。获得学士学位以后，我就开始按部就班地生活，结果却发现自己的经济状况一团糟。令人悲哀的是，我对这种生活方式再熟悉不过了。我小的时候家里很穷，因此，对于如何赚钱、花钱、存钱和理财，压根儿就没有一点儿概念，这也不足为奇。

尽管如此，我还是相信，无论发生什么事情我都能挺过去，即使需要很长一段时间。

后来，2001年夏天的时候，一位同事向我推荐了《富爸爸财务自由之路》这本书。我很快就意识到，我已经找到了某种非常重要的信息。大学毕业之后，我加入了美国海军陆战队，因此，我知道要听从指挥才能获得预期的结果。富爸爸提供了简单而有效的实战策略，所以任何背景的人都可以学习并把这些策略付诸实践，从中获益，这一点和部队上非常相似。资料里介绍的那些步骤和方法都简单易行，结果却是那么不可思议，这一点的确让我难以置信。

接下来，我又读了《富爸爸杠杆致富》这本书，我还订购了《选择当富人》。到那年11月的时候，我已经完成了所有的练习和所有的财务决算。这个过程让我受益无穷，因为我可以从中清楚地看到自己在财务方面究竟存在哪些问题。

这门课程让我获益最大的地方就在于，它教会我如何权衡、分析各种投资方式的利与弊。"9·11"事件进一步加剧了我的紧迫感，我意识到自己选择了一条正确的路。后来，我又读了道尔夫·德·鲁斯的《房地产巨头：如何利用银行的钱发财致富》，并选修了"富爸爸致富之路"（进行房地产投资的6个步骤）的课程。我还参加了一个在亚利桑那州举办的，为期一天的研讨会，主讲人都是"富爸爸"团队的顾问。通过这次研讨会，我清楚地认识到：

1. 我可以像某些人那样生活，长年负债累累；
2. 我也可以想办法改变自己的处境，化劣势为优势。而且，这并不需要太长时间。

在读完《选择当富人》之后的两个月里，我的生活就开始步入正轨。我对自己的经济状况进行了新的规划，在不改变原有预算的情况下，我每个月可以多存400美元。而且，根据"如何摆脱债务"的原则，我开始每月为慈善事业捐款200美元。

实事求是地说，这种掌控自己生活的体验是那么充满激情、让人欣喜，这是我从未有过的感觉。从那个时候开始，我意识到，我就是自己人生之船的船长，这艘船正驶向理想的彼岸，那里有我梦寐以求的一切。生活给予我们的太多了，妥善利用我们的时间是最明智的选择。对我来说，一边偿还过去欠下的账单、一边重新掌握自己的生活已经不在话下。

## 改变由此开始

坦然面对自己的缺点并不是一件容易的事，但是，如果你能克服自己的缺点，而不是逃避它，你会觉得自己很了不起。我面临的第一个问题就是，特别容易受同事消极态度的影响，因为我总是担心他们会对我有看法。当得知我打算结束"老鼠赛跑"式的、慢节奏的生活方式之后，不少人出于好意对我的选择表示了担忧，他们觉得这么做即使不会带来毁灭性的结果，至少也是非常愚蠢的。但是，我已经清楚地意识到，要想实现财务自由、提高生活质量，仅依靠一份好工作是不够的，必须要有重大的改变才行。最终，我的决心战胜了他们的担心。

当我向大家解释自己对资产和负债的新认识时，根本就没几个人相信。要接受这一点很难，但是我心里明白，富爸爸的观念是对的。

转变观念之后，我的头脑变得格外清楚，方向和重心也明确了。在接受富爸爸的理论之前，我觉得风险就是把钱拿出来投资，或者在不知道结果的情况下就采取行动。现在，我觉得风险就是尽管拥有丰富的财务知识，却依然不采取任何行动。安于现状、不思改变是一个错误,现在是我采取行动的时候了。

首先,我开了一个货币市场账户①,存了2000美元。在必要的时候,我可以向抵押贷款的贷方出示这笔短期储备金。然后,根据道尔夫·德·鲁斯的建议,我开始四处寻找合适的房产。我不止一次听到这样的话:"你不可能成功的。"我反驳道:"房子到处都有,它们在等着我去发现呢。"

在这种动力的驱使下,我在波特兰地区看了75处房子,并对其中的30处进行了详细的分析。我从中挑选了三四处,然后开始和房产代理人洽谈。其中一处不但价钱合适,而且还有税收上的优惠。我知道自己已经找到了第一处房产。2002年11月,我买下了这套供单户家庭居住的房子。

请不要以为我是在唱独角戏。在我身后,有一个智囊团在为我出谋划策,包括一位税务顾问、一位房地产经纪人、一位房产检查员和一位私人律师。此外,我还广泛征求了朋友和熟人的意见。我在当地一家银行实习期间,充分利用这个机会向那里的工作人员学习有关房地产代理和投资的知识。

买下第一处房产之后,我就从一个单纯的纸上谈兵的投资者——我曾经在股票市场损失了5000美元——转变成了一个房地产投资人。现在,我不但在学习如何积累财富,还在重建我的自信心。我今年25岁,不想再等下去了。我打算再做两年的自由职业者,5年以后就能依靠被动收入生活,从而可以专心致志地进行投资了。我的计划还包括,2004年去商学院就读,获得MBA学位。

这一切发生之前,我认为自己会在50岁或者55岁退休。那个时候,我对未来没有任何计划,因此,我天真地以为,我可以凭借

---

① 货币市场账户与普通储蓄账户相似,不同之处在于它的利息和规定最低余额都比较高。

自己接受的教育和智慧来度过下半辈子。现在，我可以轻松地说我已经有了更好的选择。我已经有了一个切实可行的计划，这个计划能让我在30岁就退休，而且生活水平还会不断提高。

此外，我还向我的客户提供财务规划服务，而我运用的知识都是商学院里不会教授的内容。我向他们推荐了"富爸爸"系列图书和资料，这样一来，他们就可以借助其中的理论实现自己的目标。当他们看到自己眼前原来有这么多机会的时候，他们也会开始投资。

还有一点也反映了我理财观念的转变。现在，我已经不再做一次性买卖了，相反，我追求的是细水长流的收入。我知道，被动收入是源源不断的，无论我是坐在波特兰的办公桌前工作，还是在塔希提岛的沙滩上度假。

## 实事求是

坦然面对自己并不是一件容易的事情。我承认以前从来没作过如此重大的决定——过去总是大手大脚地花钱就是一个极好的例子——但是现在我决定要向前看。过去的事情已经结束了。乐观主义战胜了悲观和消极，让我的生活步入了正轨。

现在，我已经克服了自己给自己设置的障碍，如：我太年轻，没有太多时间，缺乏房地产投资的经验，等等。我开始相信自己，开始对数字进行分析，对潜在的风险和回报进行分析。通读相关资料，制订工作计划并做练习——这些并不难做到。一旦知道自己应该做什么，采取行动就变得很容易了。

读了"富爸爸"系列图书，并应用了其中的策略后，在很短的时间里我的收支状况就发生了如下变化：

| | |
|---|---|
| 年收入： | 从 28000 美元增加到 50000 美元 |
| 被动收入： | 从 0 增加到 4000 ~ 6000 美元 |
| 每个月的收入： | 从 150 美元增加到 700 美元 |
| 不良债务： | 从 55000 美元降低到 29000 美元 |
| 每月的税额： | 从 0 增加到 300 美元或者更多 |
| 流动性储蓄： | 从 100 美元增加到 3500 美元 |
| 资产数量： | 从一无所有到拥有一处可供出租的房产 |

我制作了一份财务报表，至少每周更新一次，它改变了我的生活。因为这样一来，我很清楚自己的收支情况。我再也不会像以前那样问："我的钱都哪儿去了？"

在这个过程中，我学到的最重要的一课就是，无论是现在还是以后，一个人必须学习理财知识。像《富爸爸财富大趋势》里说的那样，我相信那些现在对自己的财务状况不管不顾的人，前途一定很暗淡，生活也一定会很贫困。再过 10 年，那些在婴儿潮时期出生的人就要变老、退休了，这个数字是惊人的，同时对医疗的需求也会急剧增加，这样医疗费用仍然会居高不下。这群人已经经历了 401（k）计划的破产，股票市场的投资也一再缩水。数以百万计的人都没有为退休存下足够的钱，社会保障体系同样无法完全满足他们经济上的需求。

但是，他们仍然可以作出选择。任何一个普通人——像我一样的人——只要下决心，都可以把"钱途"掌握在自己手里。我已经摆脱了经济上的困境，并为自己打下了坚实的经济基础。要想提高生活质量，创造一个奇迹，就要下定决心改变自己的生活方式，实施富爸爸关于如何致富的策略。他的理论确实行之有效！

# 第17章
# 才思敏捷

米歇尔·拉布罗斯

康涅狄格州，东哈特福德

"富爸爸救了我的命。"在今年的女总裁组织会议上，我遇到了莎伦·莱希特，这是我对她说的话，完全是发自内心的。

我看过"富爸爸"系列，也听过相关的磁带。这些资料给了我勇气，让我不再为了各种账单疲于奔命，对我而言，这是一个重要的转折，因为我从此开始创建自己的事业。如果你每天都要花时间来考虑如何应付账单，你就很难集中精力来思考做生意的事情。

"富爸爸"系列还强调，要善于获得他人的帮助。在读这些书之前，我还没有意识到这么做的重要性，但是读完这些书之后我认识到，把自己的生意发展壮大唯一的方法就是学会如何放手。我还意识到，我确实应该学习一些关于销售的知识，并且高度重视销售技能。对任何人来说，要想获得成功都需要综合能力，《富爸爸穷爸爸》就指出了像我这样的人要想获得成功应该具备的能力。

不过，失败是成功的必经之路。我本人的从商经历也证明了这一点。富爸爸让我知道，要想获得成功，我还应该具备什么样的能力。通过全心全意打理事业，学习如何分派工作，如何进行销售，我把我公司的营业额从第一年的2.5万美元提高到了第二年的25万美元，第三年更是上升到了250万美元。这一切都是我，一个单身妈妈做到的。

## 我的早年经历

由于获得了来自美国空军后备军官训练队的全额奖学金，所以我用这笔钱支付了我在锡拉丘兹大学的学费。我先是获得了航空和航天工程专业的学士学位，后来又获得了机械工程专业的硕士学位。1984年，我开始了自己的职业生涯，担任空军上尉。

1987年，25岁的我离开了部队，开始经营自己的培训和咨询公司，因为我知道自己不适合过那种朝九晚五的生活。我的直觉是对的，至少从短期来看是这样的。我的服务方向是环境对电子的影响，作为一名这方面的专家，我的报酬相当可观。但是，正是我的成功导致了我后来的失败。因为我不懂理财方面的知识，所以被自己的巨额收入冲昏了头脑。在很短的时间里，我的年薪就从2.5万美元增长到15万美元。糟糕的是，我并不具备获得长远成功所需要的技能。金钱迷惑了我的眼睛，让我产生了一种错觉，误以为自己的处境很安全。

不仅如此，我和我丈夫在这件事情上也有分歧：我希望成立自己的公司，即使这需要暂时的牺牲。而我丈夫则认为我应该放弃自己的梦想，安分守己地做一名雇员。1989年，我们的第一个女儿诞生了。1992年，我们又生了第二个女儿。这样一来，我的生活重心就全部转移了。对我来说，多赚一些钱不如在家里带孩子重要。

1995年，我们的婚姻破裂了。我发现自己不但要独自抚养两个年幼的女儿，还要偿还住房按揭贷款。

1997年，我意识到自己当前的处境，还不足以成立自己的公司。于是，我放弃了自己的梦想，卖掉了我在西雅图附近一幢位于湖畔的房子，这个家是我和前夫共同建造的。之后，我从华盛顿州搬到了康涅狄格州，这样可以离我的父母更近一些。考虑到自己所学的专业，我在一家规模较大的航空公司找了一份工作，职位是研究员。

那个时候，我已经35岁了，我觉得自己一事无成，活得非常失败。我曾有过的成立自己公司的梦想已经烟消云散了。对我来说，为别人工作就意味着不独立。而且，我还搬回了东边居住，这也是我不愿意做的事。

后来，到了2000年3月，公司宣布裁员，我作为一名系统工程与人类研究方面的研究员的工作也丢了。尽管如此，我却把这当成一次成立自己公司的机会。我在担任研究员期间，曾经开设了一门有关知识产权方面的课程，还讲了大约一年的课。于是，我去和他们协商。和其他新成立的公司一样，我也必须自己筹集初期的资金。我取出了信用卡里所有的现金，以及工作两年半通过401（k）计划存下的4万美元，总算凑齐了前期需要的资金。开始的6个月的确很不容易，总是让我想起1995年离婚之后独自生活的那些日子。我和女儿们都学会了勒紧裤腰带过日子——因为我们没有多余的钱干别的。

2000年11月，我的哥哥向我推荐了《富爸爸穷爸爸》。于是我读了这本书——是这本书救了我的命。接下来，我又读完了"富爸爸"系列中的其他几本。我终于要时来运转，告别失败、走向成功了。

## 新的工作方式奏效了

我把富爸爸的理论应用到我目前的生意上,集中精力处理知识产权方面的事务,比如专利权。

关于富爸爸提到的资产项中的知识产权的问题,我打算就我过去开设的那门课程写一本书。我已经联系好了出版社,而且一切都已经准备就绪。

2000年12月,我和出版社签订了第一本书的合同,内容是如何有效地进行项目管理。我知道,为了让这本书更有说服力,我首先要获得项目管理专业证书。准备这个考试通常需要6个月,但我不想花那么长时间。我为自己制订了一份为期20小时的学习计划,然后开始实施。利用这个计划,我以优异的成绩通过了考试。接下来,我开设了一个培训班,在这个培训班上,人们只需用4天时间来做准备,第五天就可以去参加那个难度颇大的项目管理资格考试了。运用这种培训方式,在一年之内,我们就在65家类似的培训班中脱颖而出,成为提供这类培训的最大机构,而且在不到18个月的时间里就占领了25%的市场份额。

2002年3月,我的新书终于出版了,首批培训产品也在印度上市了。书和在国外的授权都为我带来了被动收入。用清崎的富爸爸的话来说就是:"我的资产项中的知识产权正在为我工作。"

在签订图书出版合同的两个月以后,我为了创业而在信用卡上欠下的债就全部还清了。此外,我还把重点放在现金流管理方面,而且再也不用信用卡作为短期筹集资金的手段了。

罗伯特·清崎在他的一本书里提到过,他们曾经想方设法提高销量,这样才能有钱买一台复印机。对此我深有同感。因此,我不再依靠信用卡来为自己的事业筹集资金,相反,我依靠的是提高销售量。

我们的公司没申请信用卡，我也不会利用信用贷款的最高额度来帮助自己渡过难关。我们是这么做生意的：2002年5月，一个负责项目注册的经营者拿出我们收入中的10万美元作为运营资金，通过两个星期强势的促销活动，我们的现金储备大大增加。那段经历证明：解决现金危机的最佳办法是销售，而不是贷款。富爸爸曾经说过："做生意需要具备的首要条件就是销售能力。"

在过去的3年里，公司每年的收入都是上一年的10倍。详细的数字如下：我从2000年开始做生意，那一年，我和我的同事一共赚了2.5万美元；第二年，我们的收入增加到了25万美元；第三年，我们的收入骤然增长到250万美元。

现在，我的公司共有25名员工，分布在5个不同的地方。同时，我们也在海外授权我们的培训产品。我们的另外一项业务，就是向其他公司提供授权，并根据客户不同的需要为他们量身定做不同的产品。这样做既拓展了原来的业务领域，又为我们带来了新的收入。

## 改变做事方法，改善公司业绩

在接触富爸爸的理论之前，我从不寻求他人的帮助，因此公司的业务发展十分缓慢。而且，我也不放心把工作交给别人去做。作为一个训练有素的系统工程师，我上过无数堂课，向无数的人传授过如何创业。我可以设计出能为我带来成功的商业模式，但我凡事都亲力亲为，从来不让别人插手。我应该学着不再做一个女超人。我已经意识到，我的工作就是确定公司的运作方式，并保证它切实可行，然后就放手让别人去执行。我知道应该进一步规范商业运作的过程，因此，我雇用了专职人员来负责日常的工作，而我则可以专心致志地开发新产品，致力于公司的发展壮大。

富爸爸给我最重要的启示就是，我应该集中精力去积累资产项，而不是整天为了账单而忧心忡忡。这并不是说我不付账单，我当然会付所有的账单。但是，我的观点已经与以前截然不同了。我现在最关心的是对我的事业最重要的那些事情。

就风险而言，我的看法也发生了很大变化。20 世纪 80 年代中期的时候，我是一名深受别人信赖的工程师。那个时候，我完全是从工程和项目管理的角度来定义"风险"的。对我来说，风险就是可能发生的消极事件，这一事件会影响我实现自己的目标。因此我必须考虑，如果这一事件确实出现了，对我实现自己的目标会有什么样的影响。

现在，风险对我来说就是进入一个自己一无所知的商业领域，并且在还没学会如何进行运作的时候就投入一大笔钱。富爸爸教会我如何善用自己的勤奋与努力开辟新的事业，这样就能把风险降到最低。为了降低风险，我使用下面的 5 个步骤：

1. 观念。这包括对机遇、市场规模、竞争对手，以及产品的开发成本等的整体认识。

2. 发展。在这里，我使用的是"蛋糕印模"的方法，也就是说，先找到一个适用的、已经存在的模式。

3. 产品投放。这是先期的市场营销活动，目的是确定客户对产品的反应，是否有不喜欢的地方。

4. 市场调查。这个阶段是把以前学来的知识付诸销售和营销的过程。

5. 多管齐下。仅仅知道如何销售和营销是远远不够的，这个过程中有很多环节。不断提高产品的质量也是一个很重要的组成部分。

## 个人感言

就我的个人生活而言，最重要的也许就是我和家人的关系得到了改善。多年以前，我狂热地做经商梦的时候，家里人都以为我疯了。因为我是一个单身母亲，他们觉得应该对我负责任。我的外祖父曾经是一位企业家，因此，母亲清楚地记得商场上的兴衰。现在，他们都把我当做良师益友。

虽然他们现在仍然觉得我很疯狂，但还是为我在两年里就能取得如此的成就而骄傲。更让我欣慰的是，他们都积极支持我的事业，只是方式不同而已。

我现在的目标是在5年之内把公司卖掉，这样我就能退休了。不过，我并不是想真正退休。我喜欢自己所做的事情，尽情地享受属于我的自由时间，可以随时去我想去的地方度假。我希望能有更多的时间和我的孩子待在一起。尽管如此，我还是为能追求新目标而激动不已。

## 我的经验之谈

通过学习我意识到，我应该掌握必要的技能，这样才能通过做自己喜欢做的事情赚钱。

要集中精力为自己设定财务方面的目标。

根本没有所谓的稳定工作。要想获得安全感，唯一的方法就是学会打理自己的事业。

永远不要放弃。如果一桩生意失败了，我就会知道下一次怎么才能做得更好。

确定获得成功需要具备哪些条件，为自己设定目标。

做我自己。

结交与自己志同道合的朋友,他们会给我支持和好的建议。

记住,成功是有章可循的,要按部就班地来。

我随时都可以变得更聪明(反之亦然,我随时都可以停止愚蠢的行为)。我可以反败为胜。

# 第18章
# 成功无极限

泰里·鲍尔索克

亚利桑那州，滕比

5年前，我在一次会议上遇到了罗伯特·清崎。那时我们两个人都是大会的发言者。听了他的发言之后，我和他聊了起来，因为我们在上学时都曾遇到过一些麻烦。我有严重的阅读和拼写障碍。另外，我还意识到我的事业必须有所改变。我回到自己的办公室以后，把在大会上的见闻和感想告诉了我的CEO，并建议他读一读《富爸爸穷爸爸》。然后我说："我们该买自己的楼了。"

在接触富爸爸之前，我觉得自己能取得的成就也就这么大了。但是，富爸爸让我认识到，我的人生图景可以更加广阔。如果我告诉你我现在的成就，你一定会大跌眼镜——我是"泰里家具寄售兼设计公司"的创立者和所有人。我的公司是一家全国性的大公司，出售各种各样的新旧家具。在漫长的创业历程中，我已经获得了很多成功，是富爸爸让我取得了以前想都不敢想的成就。

## 早年经历

我有严重的诵读困难，这是一种学习障碍，这让我觉得自己和别人不一样，像个傻瓜。读书的时候，老师经常在我的作业本上写下这样的评语："差""懒惰"。红色的大字看上去那么触目惊心。上五年级的时候，为了打发漫长的一天，我学会了自嘲。我的老师有时候会拿起尺子，一边说"瞧你呆头呆脑的样子，活像一个母球[①]"，一边就举起尺子做势要在我的后脑勺上打台球。他深深地伤害了我，但我绝不会表现出受伤的样子。相反，为了掩饰自己内心的伤痛，我会大声喊："角袋里有8个球！"

但是，尽管我装做毫不在乎地开玩笑，却丝毫改变不了残酷的现实。临近毕业的时候，我知道自己面前的路很艰难。我不会填写应聘表格，尽管我的阅读水平不高，也知道自己填写的表格肯定是错误百出。我已经是一个21岁的成年女性了，可我交上去的"作业"却只有小学三年级的水平。我特别害怕填写东西，因为我知道读它的人会以为我是弱智。只要一想到要参加面试，我的喉咙里就像塞进了什么东西一样难受。

我甚至试过去当服务员，但是，我连"kofie"都拼不出来。

我沮丧极了，决定暂时抛开找工作的烦恼，离开亚利桑那州，去堪萨斯州看望住在那里的父亲。坐在飞机上，我一直在思考我的未来。"我的未来会是什么样子呢？"我心酸地想。我永远不会有自己的事业了。我的眼里充满了泪水，心里不断祈祷，千万不要有人和我说话，否则我一定会忍不住失声痛哭的。

父亲带我去拜访了他的一个朋友，这次拜访终于让我找到了答

---

[①] 在桌球或落袋式台球中用球杆推动的那个白色球。

案。他的朋友名叫贝蒂，正在经营一家寄售商店。在她的店里，我看到了琳琅满目的商品：纯银制品、瓷器、小家具和各种各样的小装饰品。尽管这些东西都是二手货，购买者在选购的时候却觉得其乐无穷。贝蒂亲切地向我解释她是如何经营这家商店的。听完她的话以后，我知道这些我也能做到！

当时，我感到心潮澎湃、思绪万千。我已经能想象出自己的商店是什么样子了。那天午夜时分，我已经有了全盘的计划。我从床上跳起来，打电话告诉妈妈我的创业计划。"妈妈，我们就要成为富人了！"我告诉她。接下来，我怀着无比兴奋的心情，把我的全部计划解释给她听。

她马上说："你的意思是，我们就要成为桑福德父子①那样的人了？我们要四处去收购旧货、卖二手家具？我要上床睡觉了。"

第二天，我想尽办法让妈妈相信，开办一个寄售商店就是我们成功的钥匙。我起草了一份详细的计划，帮助她理解我要做的事情。事实上，这不是一份传统的商业计划书。我是用蜡笔和彩色铅笔来完成我的计划的。我规划着我的美好未来，画出了我理想中店铺的样子。回家以后，我又向妈妈解释我的计划，她终于相信我的想法确实行得通。

接着，我和妈妈从外祖母那里借了2000美元，然后就踏上了实现梦想的征程。我骑着摩托车四处寻找合适的店铺。后来，我看到一块"出租"的牌子，于是就进去和房主攀谈了起来。我们就房租达成一致意见后，房主就拿出租赁合同来让我签字。其实，我根本就读不懂那些法律条文，但是，我根据一般人的阅读速度，假装从头到尾地看了一遍，然后签上了自己的名字。这一切发生得

---

①《桑福德父子》是美国一部家喻户晓的电视连续剧，讲述了一个任性的收废品的商人和他失败的儿子运气不佳的遭遇。

太快了！我已经开始自己做生意了！接着，我在店铺后面支起了一张床。

我说服了妈妈，让她把客厅里的家具和我小时候卧室里的家具都给我。泰里商店开张之后，我做成的第一桩生意，就是卖掉了自己梳妆台上的一面镜子。当那位顾客说"我买了"的时候，我激动得有些忘乎所以。她甚至不得不提醒我，应该把销售税也算进去。

我是在1979年做成第一桩生意的。从此以后，"泰里家具寄售兼设计公司"不断发展壮大，最终成为一个年收入几百万美元的公司。我一共有16家分店，是全国最大的家具寄售连锁店。这些商店的总面积约达1900平方米，里面摆满了各式各样的新旧家具，有的来自像你我这样的寻常百姓家，有的来自继承的遗产，有的来自样板房，有的来自破产拍卖。我实现了对妈妈的承诺：我们不是"桑福德父子"第二。

我们的公司蓬勃地发展起来。通过我激动人心的演讲，大家都意识到，既然我能做到，他们也一定能做到。由于我的公司日益壮大，我开始获得各种全国性的奖项：1992年，获得了《Inc.》杂志评选的"年度最佳零售业企业家"的称号；1994年，获得了美国商业部颁发的"绩优股企业奖"；1998年，获得了"雅芳杰出女性企业家"奖。凭借这一奖项和《国家询问者》杂志上一篇关于我的文章，我还参加了欧普拉·温弗瑞的脱口秀节目。由此你大概已经明白，为什么我觉得自己的事业已经到达巅峰了。

但是，接触了"富爸爸"系列图书之后，我意识到，在我面前还有很多机会，而且我完全能够抓住它们。在此之前，我无论做什么都用现金支付，包括房租、各种设施和卡车的费用。从那以后，我学会了合理使用金钱，让它们为我创造更多的财富。

## 我的游戏过程

富爸爸说,要想致富,就不应该只做一个企业主,还要成为一个投资者。接受富爸爸的理论之前,我的大部分店铺都租出去了。听完罗伯特·清崎的演讲之后,我认为自己应该进行房地产投资,这样才能通过投资实现财务自由。

因此,在我的CEO凯文·克里帕的帮助下,我们公司购买了大约2万平方米的土地。它的地理位置相当好,我们买下的时候就知道别人也对这块地垂涎三尺。我们从公司拿出22.5万美元作为预付金,又从银行贷款支付了另外的22.5万美元。富爸爸教人们用银行的钱去赚钱,我们就是按照他的话去做的。

然后,我们把这块地用于交易,并与一个开发商联合成立了一家有限责任公司。接着,他们在这块地上建了一幢面积约为6800平方米的办公大楼。开发商不但把我们前期支付的22.5万美元返还给了我们,还把我们从银行申请的贷款也一并承担了下来。此外,我们还拥有新落成的办公大楼的21%产权。现在,属于我们的那些楼层已经全都租了出去,房租收入相当可观。

现在,我们在这家合资公司里拥有价值100万美元的资产,我们可以借助这笔资产来申请全额贷款,从而建造第二幢办公楼,然后把它租出去。我们还在继续利用我们拥有的资产来筹集资金,从而再建3间商店。在未来的两年里,我们打算再开两间寄售商店。

我们打算从最近建的两幢楼里撤出资金。首先,我们会购买未经开发的土地;然后,我们会把土地卖掉,或是投资成立合资公司,再由合资公司建楼出租;最后,我们的合资公司就能长期融资了。到那时,我们就会再次撤出资金。

5年以后，我们将拥有6幢大楼。在过去的5年里，我从房地产投资中赚了很多钱，比我之前23年里从事家具买卖赚的钱还多。如果我把家具的生意卖掉，我的房地产也能让我衣食无忧。

现在，我已经开始拓展我的生意范围。比如说，泰里家具寄售兼设计公司已经在向全国各地提供折价销售旧家具的授权。在推广这一理念的同时，我们意识到，我们需要一套适用于寄售业的软件。

因此，我们最近向家具服务软件公司投了一笔钱，它是目前唯一一家能提供与寄售业相关软件的公司。运用它提供的软件，我们设计了一套独一无二的、专供获得"泰里寄售与设计"经营许可证的公司使用的程序。我们做了一笔交易：我们使用对方的软件，对方则获得相应的资产。在第二次遇到罗伯特·清崎之前，我已经购买了该公司的部分股份。

最近一次见到罗伯特·清崎是在凤凰城电视台的一次早间访谈节目中，当时我们都是被邀嘉宾。清崎听完主持人对我的采访之后，邀请我参加他举办的一个研讨会。那个研讨会让我大开眼界。我意识到，购买软件公司的股份确实是明智的选择，因为我可以向客户提供软件的授权。于是，我买下了更多的股份。

这次研讨会还让我明白购买房产、出租房产的意义所在，因为这样做能给我带来被动收入。因此，我又和另外两个人成立了一家公司。我们购买房产，然后把泰里家具寄售与设计公司的家具摆进去，最后把这些房子租出去。

现在，我正在集中精力做以下几件事情：向合作方提供公司名称的授权，推广"折价销售"家具的理念和开发寄售软件。我们的年收入（包括家具生意）已经超过了5500万美元。

在富爸爸的指导下，我借助他人的金钱和创意，使自己的事业不断取得成功。

## 回首过去

如果不是因为我有严重的诵读障碍，我永远也不会想到要自己创业。今天，我通过演讲和自己出书，来鼓励他人克服自己的缺陷。为了回报社会、激励他人，我已经下定决心，要和大家分享我的信念：只要相信自己，就一定能获得成功！

如果没有富爸爸，我不会知道我可以拥有想要的一切。一个人不一定是为了致富才去学习富爸爸的理念，最重要的是，能让你明白什么事情是你可以做到的。然后，你只要照做就可以了。（我们从中学到的重要一课就是，如果一个和你有长期业务往来的银行突然多了很多烦琐的程序，那么，你可以告诉他们，你要考虑与其他银行合作了。）

在富爸爸的帮助下，我在工作方面变得更加灵活、更加明智，我不再试图大权独揽、事必躬亲。我听从了富爸爸的建议，为自己组织了一个强有力的智囊团，他们时刻陪伴在我的左右。

我知道我购买的房地产能让我退休之后衣食无忧。我不必为以后的生计问题而担忧，这让我更加轻松自在。更令人振奋的是，我可以做我喜欢的任何事，比如演讲。现在，演讲已经发展成了我的又一项重要业务。

谢谢你，富爸爸，谢谢你给我的灵感！

# 第六部分
# 改变命运的事件

　　富爸爸教给我的最重要的一堂课就是：利用金钱的力量，而不是对它心存畏惧。很多人总是担心自己的钱不够用，因此变成了金钱的奴隶。为了克服这一恐惧心理，他们想方设法寻找高薪的工作。事实上，他们不明白如何让钱为自己工作，反而是在为了钱工作。

　　富爸爸还讲述了贫困的人们的生活。穷人也同样缺乏理财知识、对金钱感到恐惧。

　　在这一部分中，你将看到上述两种对金钱怀有恐惧心理的人：一种是那些大把赚钱的人，另外一种是压根儿不工作的人。他们都运用富爸爸的理论，克服了对金钱的恐惧，从而实现了财务自由。

　　首先，一位女士向我们讲述了她是如何克服重重困难并获得成功的。斯泰西·贝克来自新西兰，家境非常贫困，依靠社会救济长大。在她身上，似乎看不到任何拥有"钱途"的可能性。但是，她运用富爸爸的理论，把命运掌握在了自己手里，为自己创造了被动收入。她的经历充分证明，并不是只有有钱人才能赚钱。另一方面，必须具备必要的财务知识，这样才能抓住自己身边的赚钱机会。

　　尽管斯泰西的故事非常振奋人心，但我们也同样收到了许多与之形成鲜明对比的故事。很多人在电子邮件中告诉我们，他们花了多年的时间和精力来经营自己的事业，因为对他们而言，金钱的力量来自不断增加的工资。对他们来说，工作的稳定性压倒一切，此外他们也同样看重升迁和待遇。但是，富爸爸让他们意识到，他们的行为源于对缺钱的恐惧。他们还认识到，薪水的增加并不能带来财务自由。因为他们赚的钱越多，花的也就越多；他们的事业越成功，也就越忙碌，与家人和朋友在一起的时间就越少。当他们退休以后，根本无法依赖自己的薪水度日。一方面，他们总是认为钱会越赚越多，因此总是把大部分薪水都花掉；另一方面，他们没有能够产生收入、养活他们的资产。他们的身体就是自己唯一的资产。

学习了富爸爸的课程之后，他们知道了如何通过购买房产来获得长期收入，因此，他们改变了以往的思维方式和行为方式。从此，缺钱的恐惧心理烟消云散了，他们不再担心自己的工作是否稳定，对债务的恐惧心理也消失了，取而代之的是对自己的信心，这都是因为房地产给他们带来了稳定的收入。

在这一部分，你还将读到申永植的故事。他来自韩国，是一位兢兢业业的公司员工。除了担心钱不够用之外，他还总是为晋升无望而感到烦恼。在富爸爸的指导下，他开阔了眼界，创建了自己的事业。他发现他能掌握自己的"钱途"了，不再像以前那样为金钱所困。

我们还将认识罗纳德·霍尔德，他住在加利福尼亚州，即将退休。在他的职业生涯中，他的收入一直都很高。在他即将步入50岁的时候，他才开始考虑自己的"钱途"。富爸爸的理论让他获益匪浅，也让他在规划未来时充满信心。对于那些经历过投资失败的人和那些担心自己退休生活的人来说，罗纳德的经验太值得借鉴了：他在富爸爸的帮助下获得了财务自由。

最后，我们还将读到迈克尔·马里钦的故事，他同样来自加利福尼亚州，他的经历颇具传奇色彩。他曾经是一家公司的高层管理人员，薪水不菲，该有的东西他几乎都有了——也包括高额的债务——但是，他后来对自己的财务重新进行了规划。对他来说，促成这一转变的最大动力就是：作为美国历史上最大的灾难性事件的幸存者，他要继续生存下去。

如果你不想让自己在后半生中为生计而奔波，那么，无论你现在身处何方，也无论你目前的经济状况如何，你都可以学习必要的财务知识，从而改变自己的生活。

# 第 19 章
# 天外有天

斯泰西·贝克
新西兰，奥克兰市

不久之前，我对自己的描述还是这样的：30岁，高中辍学，单身妈妈，靠社会福利生活。我已经习惯了那种"可怜的思维方式"，因此，我害怕自己的生活发生任何变化，因为我已经不指望生活状况能够有所改善。我郁郁寡欢，在感情和经济的双重压力下苦苦挣扎。

但我又是幸运的，因为我遇到了"富爸爸"系列图书，它们为我指明了实现财务自由的方向，让我明白即使是我这种处境的人，也可以改变自己的命运。是富爸爸让我重新关注生活。我找回了自信，开始用全新的眼光去思考，去采取行动，去做激动人心的新选择。

现在，我已经拥有一间生意很好的医务所，还有两处租赁房产。我选择了不工作。与四平八稳的工作相比，我更愿意一边享受生活，一边为自己和儿子创造一个美好的"钱途"。

## 我以前的生活方式

1966年，我出生于曼格瑞，尽管这个地方是"花园"的代名词，但实际上，和奥克兰郊区的其他地方相比，这个地方并没有本质上的不同。这里到处都是依靠工作领取薪水的中产阶级。每个人都有属于自己的1000平方米左右的土地。他们在上面盖自己的房子，然后过着老死不相往来的生活。以前，我们的房子周围全都是农场，但是由于城市人口的增加和城市的扩张，农场日益遭到蚕食。

我的父亲一直从事小本经营。他成立了一家公司，在新西兰的北岛①各地为人们建造玻璃暖房。

小时候，我们很少见到钱。那个时候，我们自己种西红柿，只有西红柿降价的时候，我才有幸能摸到钱。每到这个时候，父亲就会在我家门前摆一个小摊儿，然后，我们7个兄弟姐妹之中的一个就会去看摊儿。在数钱的时候，父亲偶尔会粗心大意，因此放钱的箱子里会剩下一点儿零钱，这样，我们就可以用这点儿钱买一瓶可乐，或是一点糖果。我7岁的时候，父母离婚了。所有的孩子都跟着母亲搬出了家门。

父母离婚以后，母亲四处打零工。因为她还要抚养一大堆年幼的孩子，所以，我们有资格领取社会福利。在我的记忆里，那段时间我们很穷，天气总是很冷。（直到现在我依然记得，有一年冬天，为了让双手暖和一点儿，我一直把手放在热水龙头下面。）当时，我们住的房子非常破。我还记得，那个时候我和母亲、哥哥、妹妹同住一室。每天早晨醒来以后，地上总是又冷又湿，因为水管漏水，破旧的地毯都被渗出来的水浸湿了。

---

① 新西兰的两个主要岛屿之一，被库克海峡和南岛隔开。在这两个主要岛屿中，北岛面积比较小，但人口较为稠密。

与此同时，金钱问题也同样困扰着我的父亲。由于缺乏经营方面的知识，他不断地犯错误。他始终相信，只要辛勤工作，就能获得回报。不但如此，他还拼命向我们灌输这些观念。他从来不看自己的账目，所以总是白白为别人干活。我最痛苦的一段记忆就和他有关。作为一个孩子，眼睁睁地看着自己的父亲因为缺钱而痛哭是一件很难过的事情。但是，这样的事情在父亲身上发生过两次，都是在他濒临破产的时候。

我们兄妹几个也陪着父亲一起苦苦挣扎，对金钱的事情一窍不通。我们对金钱的所有认识就是，我们很难见到钱。

我在学校里同样过得很不顺心。受成长环境的影响，我真的觉得这辈子不可能有什么出息了。从我上小学的第一天起，我就跟不上班里的其他同学。我知道自己不可能成为一个好学生，成为那种学习努力、按时交作业的好学生。对我来说，玩永远比学习有意思。确切地说，是玩和吃饭。

上高中以后，我被分到了"慢班"。不过，我还真找到了自己感兴趣的课程：体育。此外，我还喜欢躲在树下抽烟。

逃学旷课成了我的家常便饭。15岁那年，当我注意到地理课的老师已经把我的名字从名单上删除之后，我没有上那天的最后一节课就回家了。具有讽刺意味的是，在期末考试中，我考出了那门课程的个人最高分。当然，我还是所有的科目都没及格。我再也忍受不了学校生活了。我觉得学习与我无关，它对我来说就是个笑话。

那个时候，我根本没有什么雄心壮志。当老师问我退学以后要干什么的时候，我说我想当一名卡车司机。无论如何，我总还有退路。即使我的第一选择落空了，我还可以去工厂当工人。但是，我连这一点都没能做到。

16岁那年我退学了，后来我在邮局找了一份工作，负责分拣信件。我觉得这份工作已经很对得起自己了。对我来说,外面的世界已经和我隔绝了。

## 初尝囊中羞涩的滋味

由于我对理财知识一窍不通,所以我23岁那年信用卡和贷款的债务已经达到3万美元。我一直做着一些毫无乐趣的工作(这样的工作能列出一大串儿),每个星期领取250美元的报酬。30岁的时候,我是一个单身妈妈,和一个朋友一起租房子住,依靠救济金生活。我总是想方设法从政府那里多获得一些福利,而不是想办法自己赚钱。

那段时间真的很恐怖,没有钱的日子确实很难熬。我看不到任何希望,也没有人能帮我,我真的感到很迷惘、很无助。我还记得,那个时候我儿子维特森上幼儿园的费用大约是每周10美元,我甚至连这笔钱都付不起,我当时的生活就是这么糟糕。

直到1997年,我还在依靠救济金度日。就是那个时候,我从电视上的《霍姆斯秀》这个节目中知道了《富爸爸穷爸爸》这本书。清崎接受了这个节目的采访,还对小学生说了一番话。给我印象最深的是,他说一幢房子不是资产。我觉得他说得有道理。

我的室友是一位医生,她也看了那期节目。不久之后,我们就在书店里看到了那本书,她买了一本。不过,当时她正在看另外一本书,所以反而是我先读了《富爸爸穷爸爸》。我发现自己被这本书深深吸引了。由于我们急切地想知道更多的信息,因此决定一起出钱购买"现金流"游戏。买到以后,我们就迫不及待地开始玩。

在玩游戏的过程中,我意识到,我可以找到改变自己处境的方式——我也想找到改变的方法。尽管人们一再强调,我没什么文化,生活贫困,是一个依靠救济金生活的单身妈妈,但我已经意识到,我并非没有"钱途"。在富爸爸的熏陶下,我发现自己的想法发生了变化,而且是朝着好的方向变化。

接下来,我的生活也发生了翻天覆地的变化。1998年,我的那位室友获得了一个机会,可以买下她所在的医务所。那间医务所已经开了大约10年,经营状况良好,而且还能赢利。但是,她说她对这个没有兴趣,因为她正考虑去另外一间医务所工作。这件事情给了我灵感。

我看到自己面前摆着一个极好的机会(我以前从来不会意识到这也算是投资机会):我们可以把这间医务所买下来。受富爸爸投资理论的启发,我把自己的想法告诉了我的室友。然后,我们坐了下来,一起讨论我们应该怎么做,因为我们都没有钱。

## 我们的游戏过程

医务所原来的主人开出的价格并不是什么秘密。他来找我的室友时已经把价钱写下来了——40万美元。我的室友并没有被这个价钱吓倒,她告诉医务所的主人我们有意购买,并问他怎么才能买下来。

这次谈判的结果是,他希望我们能先支付10万美元。如果我们能筹到这笔钱,他很乐意通过卖主融资[①]帮我们筹集其余的资金。也就是说,他甘愿充当我们的贷款银行。在交完预付金之后,我们将用医务所收入的一部分逐步偿还贷款,两年之内还清。

现在,我和我的室友成了合伙人。购买这个医务所的机会是她先得到的,而且她本人又是医生。然后,在富爸爸的启发下,我发

---

[①] 卖主融资是指在交易的过程中,卖方通过租借、贷款或是税收上的优惠给予买方经济上的帮助。

现这是一个投资的良机,并把这个主意告诉了她。因此,我们决定平均分摊费用。无论是10万美元的预付金,还是从卖主那儿借的30万美元,都由我们两人共同承担。

接下来,我们雇了一名会计师,帮我们整理医务所过去几年的账目,因此我们得知这间医务所每年有100万美元的营业额。然后,由于我的合伙人是医生,所以我们选择了新西兰医疗保险公司,它能为医务人员提供贷款和保险业务。

我们首先向他们说明了意图,并提供了我们医务所的财务报表。对我来说,这是一次全新的体验。我有些紧张。毕竟我没有钱,而且还依靠救济金生活。可是现在,我却来这里向他们借10万美元!其实,我的担心和紧张都是多余的。当我们向他们出具了医务所的财务状况表之后,我们的贷款申请马上就被批准了。贷款的期限是3年,利率大约是9%。

接下来的一切都进行得非常顺利。双方律师出面完成了这宗交易,医务所原来的主人支付了交易的手续费。

从我们购买医务所的那一天开始,我就不再依靠救济金生活了。怀着无比喜悦的心情,我从此步入了人生的新里程。

根据贷款期限,我们在3年之内偿还了10万美元的贷款,在两年之内偿还了卖主融资的30万美元贷款。与此同时,我们的医务所一直财源滚滚。

2002年,我的合伙人把她在医务所的份额全部转让给了我,因为她想尝试一种全新的生活方式。她开出的价格是25.2万美元。作为奖励,医务经理获得了我合伙人份额的25%。然后,我和医务经理同样以卖主融资的方式购买了其余的所有权,这样我们就不必去筹集现金了。我们仍旧是用医务所的一部分赢利支付从卖方那里获得的贷款。现在,我拥有医务所75%的所有权,不过,我并没有把时间花在医务所的业务上,因为我不是医生。我已经转向了下一个投资目标：房地产。因为富爸爸说过，进行房地产投资是赚钱的好办法。

## 我的游戏过程

2002年8月，我开始进行房地产投资。我向我们的会计师支付了450美元，请他为我办好相关手续。

然后，我开始四处寻找合适的房产。我找到了一个跟我非常合得来的房地产代理人，并把我的要求通通告诉了她。我说，我会利用一个房地产投资软件对房产进行分析，包括投资成本与赢利的比例，直到最后找到满意的房产为止。如果我从中看不到收益，就不会进行投资。

在我的"威逼"之下，我的代理人开始按照我的要求去为我找房子。有时候，如果她找到的房子不符合我的要求，我就会降低自己的报价（事实上，我报的价格总是远远低于对方开出的价格）。当卖方的报价和我的要求最终达成一致时，我可能会考虑购买。其余的我就放弃了。

根据我的分析，如果一处房产能达到我的要求——价格、收益、资产状况，等等，我就会给我的财务规划师（他是抵押贷款经纪人）发一份传真。我们会就这处房产进行讨论，如果他也觉得满意，就会帮我申请贷款。

为了申请贷款，我动用了自己在医务所的部分资产。我从来没有把自己的钱用于房产投资。在下面的明细表中，两处房产抵押贷款的期限都是3年，利率大约是7%。3年以后，我会向我的顾问也是抵押贷款经纪人请教，商量下一步该怎么做。（因为在新西兰，大多数抵押贷款的期限都是2~3年。）

现在，那两处租赁房产都已经属于我了。它们的前景都不错，换句话说，除去所有的花销和贷款，两处房产都能赢利。

我购买的第一处房产是一套面积很大的4居室，下面就是这套房子的明细：

---

**购买房产的价格：221000 美元**

**投资房地产需要支付的现金**
  首付：               25000 美元
  由我们支付的房地产买卖手续费：     0 美元
  由我们承担的修理费／翻新费：      0 美元
  合计：               25000 美元

**每月现金流分析**
  房租收入：            1950 美元
  房屋空置造成的损失（我没有因为房屋空置受到损失，因为这里的房子供不应求）：          0 美元

  每月支出：
  **各种税费（财产）：**         99.72 美元
  **保险费：**            41.67 美元
  **修理和维护费：**          50 美元
  **储备金：**             0 美元
  **管理费：**             0 美元
  **月供（贷款3年，利率7%）：**    1141.12 美元
  **总支出：**            1332.51 美元

  每月净现金流：         617.49 美元

---

**现金的现金回报率**

| | |
|---|---|
| 每年现金流（617.49 美元 ×12）： | 7409.88 美元 |
| 现金投资金额： | 25000 美元 |
| 现金的现金回报率： | 29.6% |

此外，我还用房地产软件算出了这套房子的折旧情况。到年底的时候，我说由于房产折旧而遭受了经济损失，因此我获得了税收减免。这样，我每个月的收入就增加了。

2003 年，这套房子升值，价格达到了 23.5 万美元。

我购买的第二套房子是两居室，花了 10.5 万美元，下面就是这套房子的明细：

**购买房产的价格：105000 美元**

**投资房地产需要支付的现金**

| | |
|---|---|
| 首付： | 10000 美元 |
| 由我们支付的房地产买卖手续费： | 0 美元 |
| 由我们承担的修理费／翻新费： | 0 美元 |
| 合计： | 10000 美元 |

**每月现金流分析**

| | |
|---|---|
| 房租收入： | 1040 美元 |
| 房屋空置造成的损失（我没有因为房屋空置受到损失，因为这里的房子供不应求）： | 0 美元 |

每月支出：

| | |
|---|---|
| 各种税费（财产）： | 88.06 美元 |

| | |
|---|---|
| 保险费： | 33.33 美元 |
| 修理和维护费： | 50 美元 |
| 储备金： | 0 美元 |
| 管理费： | 0 美元 |
| 月供（贷款 3 年，利率 7%）： | 524.37 美元 |
| 总支出： | 695.76 美元 |
| 每月净现金流： | 344.24 美元 |

**现金的现金回报率**

| | |
|---|---|
| 每年现金流（344.24 美元 ×12）： | 4130.88 美元 |
| 现金投资金额： | 10000 美元 |
| 现金的现金回报率： | 41.3% |

2003 年，这套房子的价格涨到了 13 万美元。

我是 2002 年 8 月才开始房地产投资的，因此，我觉得自己的表现相当不错。

## 失败总是难免的

但是，我必须承认，不是所有的投资都那么一帆风顺。2000 年，我用医务所分红的钱进行有机食品和相关产品的投资。我这么做完全是出于兴趣，而且一切都是从零开始。

两年以后，这项投资未见任何赢利，我只好放弃了，损失了几十万美元。这究竟是怎么回事？因为我投资的对象是一艘正在沉没的船。通过反思，我意识到，我那么做无异于把那 37 万美元往火里扔。这次失败给我的教训是，永远不要涉足自己不熟悉的生意。由于这桩生意完全是从零开始，因此没有过去的财务记录，更没有账目和数字供分析和研究。

如果要购买一桩已经投入运营的生意，你可以查看它过去的财务情况，从而决定是否投资。而我所做的不过是一次愚蠢的赌博而已——我根本不喜欢赌博。

我牢牢地记住了这件事，把它当做一次代价昂贵而又惨痛的教训。不过，我一直在想，没有多少人能从这种严重的经济损失中站起来，然后继续进行投资，并且做得不错。但是我做到了，当然，是在别人的帮助之下做到的。

## 我身后有一个智囊团

富爸爸告诉我们要有自己的智囊团，所以我也建立了这样一个团队，它由各个领域的专家组成，他们能为我提供我需要的详细信息。从这一点上来说，我有限的教育反而成了我的优势。我觉得自己对于房地产投资一无所知，所以雇用了这方面的行家来帮自己。我提了很多问题，他们耐心地一一作答。这样一来，我的风险就大大减小了。

我身后的团队由以下人员组成：

- 财产顾问（也是抵押贷款经纪人）。我做的每一桩交易他都会帮我复查。
- 房地产代理人。她知道我想找什么样的房子，因此能帮我找到符合要求的房子。
- 房产检查员。他从建筑的角度检查每一处房产，并告诉我是否需要维修。
- 房产评估员。他告诉我每一处房产究竟价值如何。

顺便提一下，到现在为止，我还是连最基本的加减法都不擅长，更不用说乘法了。但是，我有一个性能优异的计算器。我猜你一定会说，在计算方面我会冒风险。

但更重要的是，我明白了良性债务和不良债务的区别，这使我的生活发生了重大的变化。从富爸爸那里，我认识到，良性债务就是我不用付钱就能购买的资产；不良债务则是购买各种华而不实的物品，从我花钱购买它们的那一刻开始，它们就没有价值了。明白这一点让我受益无穷。我从来没有像现在这样富有过。

我之所以能摆脱困境、取得现在的成就，是因为我作出了正确的选择，并沿着这个方向前进。我想告诉大家的是，我更喜欢现在的自己。

## 我的下一个目标

现在，我已经不需要工作了，这是一个巨大的改变，因为过去我想尽办法也找不到一份体面的工作。现在，金钱在为我工作。我打算继续购买房产，增加被动收入，并积累更多的资产。从现在开始一年之内，我打算再购买5处租赁房产。5年之内，我打算投资商业地产，也包括公寓楼。

现在，我已经学会了走自己的路，即使有人告诫我："你不可能做到这些。"我的确有过这样的经历，有的房地产代理人认为我开出的价格过低，因此拒绝把我的报价告诉对方。（当初我打算买那间医务所的时候，也有人告诉我我的办法行不通。但是，他们都错了。）

对我来说，最奇妙、影响最深远的变化也许是我心态上的变化。现在，我再也不用为钱的事担心了。我觉得很踏实，因为我知道，即使因为某种原因，我失去了一切，变得一无所有，我也能重整旗鼓、东山再起。而且，我再也不用依赖政府或别人的救济来生活了，我拥有了安全感。我知道，我儿子的未来会更美好，至少在金钱方面。这实在是太令人激动了。

我经常和儿子一起玩儿童版的"现金流"游戏。虽然他今年只有9岁，但已经知道什么是华而不实的东西（因为我经常提醒他），知道我出租的那些房产，知道我有一个医务所。他已经开始通过做模特赚钱了，而且还有自己的储蓄账户。至于他是否用自己的钱进行投资，让我们拭目以待吧。

我唯一的遗憾就是，我的父母没能活到现在，亲眼看到我取得的一切成就。但是我的兄弟姐妹们都为我骄傲，尽管他们还不时摇头，对我的所作所为表示怀疑。在我的鼓励之下，我的一些朋友——他们曾经和我一样深陷经济窘境——也开始寻找他们需要的信息，从而驶向光明的彼岸，再次扬帆远航。我从心里为他们高兴。

现在，我和儿子住在奥克兰的西北部，距离曼格瑞大约有16千米的路程。我有时会开车在附近逛一逛。那个地区仍然非常落后，我很为生活在那里的人担忧。我总在想，这些人怎么才能获得财务自由呢？

我知道，自己的成功之路充满艰辛，走得并不轻松。这一点给了我希望，我相信他们也能像我一样，运用富爸爸的理论摆脱困境，走向成功！

# 第20章
# 屡试不爽

申永植
韩国，首尔

多年以来，除了薪水和奖金，我没有任何额外的收入。每年年末，我会得到一笔年终奖。年终奖是根据该年度公司的赢利情况而定的，与每个员工的表现无关。年终奖一般为我月薪的一倍或两倍。

那时，薪水和奖金是我们全家的衣食来源，但我不知道将来会怎么样。我也想投资，但我又觉得自己本钱不够。为了防止出现意外事件、保护家人不受伤害，我唯一能做的就是把每个月薪水的一部分存起来并缴纳养老保险。因此，我每个月都把30%的薪水用于储蓄，再用剩下的那部分钱来支付房子的贷款。通过贷款，我为全家人租了一套房子。和很多人一样，我们也希望有一个更好的居住环境，那样不但能让我们的女儿接受更好的教育，全家人的生活条件也会得到改善。我那时已经37岁了，我和妻子有两个年幼的女儿。但是，我们依然为钱所困。我曾经失业达6个月之久，在那段时间里，我只能依靠银行的信用卡度日。

就我自己的工作和供职的公司而言，我始终相信，只要我努力，在60岁退休之前就一定能成为一名主管人员。从1994年开始，我一直在与电脑游戏相关的软件行业工作。我还先后供职于一家大公司和一家具有投机性质的企业，在那里我的工作不是战略规划，就是销售管理。战略规划部的工作主要是项目开发、项目评估（项目分析，或者对各部门的工作情况进行管理）以及公共关系（与投资者的关系）。

和我这一代的很多人一样，我觉得这辈子只能受雇于人，除此之外别无出路。糟糕的是，作为一名雇员，我必须面对诸多限制，其中包括韩国的论资排辈制度。在韩国，很长时间以来，决定一个人能否提升的是他的资历、教育背景和人际关系，而不是他的工作能力。（一直到最近，这种情况才有所改变。）我供职的那家大公司也不例外，这种现实让我心灰意冷。与别的同事或老资格的职员相比，即使我为公司作了更大的贡献，我获得的回报与付出也是不成正比的。

我还要面对另一个问题。尽管我同样接受了大学教育，获得了大学学历，但是，我的母校不是那种所谓的"名牌大学"。在公司里，那些名牌大学的毕业生互相交流信息、互相帮助。由于我与他们的出身不同，所以无法进入他们的交际圈子，不能获得他们的信息，我感到自己被排斥在外、被孤立了。

但是，3年前富爸爸帮助我改变了工作方式、创业方式和赚钱方式。最重要的是，我改变了生活方式，以及我如何看待未来、如何看待家庭的方式。

## 天赐福音

2000年初，我在一个书店里偶然看到了《富爸爸穷爸爸》。当时，我正在寻找一本管理方面的书，但是，这本书的封面吸引了我。我记得一位年长的朋友曾向我推荐过"富爸爸"系列图书，他还告诉我，如果我想致富就应该读一读这些书。

在这本书里，富爸爸讲述了工薪阶层要想致富是如何的困难，这一点引起了我的共鸣。作为一名职员，就意味着要循规蹈矩、按部就班，意味着创造力下降，意味着迎接挑战。无论你表现多么出色、业绩如何突出，都未必能获得应有的回报，这一点是让人很难接受的。

从富爸爸那里，我还了解到任何人都可以成为富人，哪怕他刚开始没有多少钱。与此同时，我还认识到，我应该为自己设定目标。我发现，一个真正富有的人，不但在金钱上富足，同时还很乐于助人、慷慨大方。最令我高兴的是，我意识到自己能找回自信、实现理想。

在这本书里，富爸爸反复强调要有所改变，这句话真是说到我心坎儿里去了，因为以我当时的处境，确实急需改变。我看了不到一个小时就得出了这个结论，然后立即采取了行动。我作的第一个决定就是，以后每天早上7点半就赶到办公室，那个时候其他处于管理层的人都没到。上班之前的这段时间对我来说有很多好处。我可以振作精神，迎接忙碌的一天，还可以浏览消息，搜索房地产市场的最新信息。

同时，我开始偿还房子的贷款。感谢富爸爸，是他提醒我负债会影响我对未来的规划，这就逼着我尽可能提前还清所有的债务。现在，为了应付紧急情况，我在银行申请了一张额度最高的信用卡和一个贷款账户，我可以通过这个贷款账户存钱和取钱。尽管我申请了这个账户，却并没有要用它的意思，因为我想尽可能不动用贷款。

最后我下定决心，要在50岁生日之前退休，并开始参与父亲的房地产投资生意。

我早就知道投资房地产利润丰厚，因为我的祖父就是通过房地产投资致富的。祖父白手起家，一点一点攒钱，然后投资房地产，最终成了一个富有的人。但是，读完"富爸爸"系列之后，我能想出更详细、更周密的投资计划来。我精确地计算了房地产投资的利润率，并反复琢磨富爸爸提供的成功案例。

## 我的下一步计划

这个时候，我的父亲由于债务问题而面临财务危机。尽管他身体健康，但工作对他来说还是越来越困难了。我建议他在他拥有的高尔夫球场附近建一幢公寓，里面全都建成一室的公寓套房①。

考虑到父亲已经无力支付其余的贷款，盖房子的钱是由公寓楼未来的房客支付的。我们先从银行申请来贷款，然后每个房客签订合同之后都交了一笔首付。

找一个声誉好的建筑商并与之合作，这一点非常关键。幸运的是，我们的前期投资数额并不大。公寓楼的设计费用只有14万美元，此外我们还支付了律师费，请律师帮我们申请建筑许可证。

在我为这一切奔忙的时候，我发现自己对房地产投资更感兴趣，也更擅长于此，这远比我当时的工作有意思。于是，我开始自己创业：开发和管理房地产项目。我帮父亲监督建造那套一室的公寓楼，同时还开发其他的投资项目。

富爸爸对我还有另外一个重要影响：如果你已经下定决心要做某件事情，那么不要犹豫，立即着手去做。一旦拥有自己的事业，无论是时间还是工作本身，都完全掌握在自己手里。自然而然地，我又重新获得了创造力和开拓精神：我经常能想出更好的创意，获得更好的人力和财力资源。还有一个好处就是，我的薪水和福利也

---

① 常指由一间起居室、一间小厨房和一间浴室组成的小公寓。

比过去提高了，因为交通费、通讯费和其他费用都由公司来承担。

在一块土地上盖房子，要比把这块地卖出去更赚钱。到现在为止，98%的公寓已经卖出去了，每套公寓的面积都在42～53平方米之间。我们预留了7套公寓和9个空闲的房间，以备将来使用。

把388套公寓卖出去的毛利大约是3260万美元，另外9个作为休闲设施的房间的销售毛利大约是275万美元，共计3535万美元。除去所有的开支，包括建筑成本、各项税费、广告费和咨询费，我们的净利润将达到515万美元（其中320万美元归土地所有者）。

现在我能清楚地看到我的"钱途"如何，因为我在辞掉正式工作之前花了一年时间来创建自己的事业。

## 其他投资也为我带来了回报

富爸爸的观念同样影响了我在股票市场的投资，我开始意识到资产和种子基金[①]的重要性。我开始把收入的一部分存起来作为自己的种子基金。此外，我还开始使用网上的资产管理程序。这些程序使我的投资更加谨慎、更加明智。

我还学会了根据对企业本身的精确分析来进行长期投资，而不是仅仅依靠单只股票的前景作决定。在管理投资的时候，我还要考虑经济政策、商业环境、利率变化、汇率变化和其他相关的因素。我预留了4.1万美元，准备投到股票市场里。但是，由于当前的市场十分不稳定，我暂时还不打算动用这笔钱。

我很幸运，因为我从父亲那里学会了怎么在账本上记录薪水和收入。我上小学的时候就知道该怎么管理手里的钱。

---

① 用来吸引更多资金的资金，或是指企业初创时的费用。

## "钱途"光明

我已经学会了——而且还将继续学习——如何理财。富爸爸告诉我，要提前制订计划，要知道自己究竟在做什么，要善于利用我的顾问（比如说，税务顾问和律师）的经验、意见以及他们提供的信息。与此同时，为了开发新的房地产项目，我也在认真研究金融市场和房地产领域的发展趋势，以及相关商业环境的变迁。

如果现在把我所有的资产都卖掉，我将获得 84 万美元；如果我把这笔钱存进银行，那么，即使以最保守的 4.5% 的利率来计算，减去 16.5% 的收入税，我每个月也能获得 3100 美元的税后收入。但我还要养活一家人，这笔钱还远远不够。所以，为了孩子们的教育经费和全家人的未来，我打算继续购买房产。

现在，我的事业发展得很好，我喜欢收集各种信息并作出能让我增加投资收益的决定。不过最让我感到高兴的是，我现在有了更多的自由时间。我可以自行决定什么时候工作。当我还是一名雇员的时候，这是想都不敢想的奢侈之举。还有一点大家可能不会觉得意外，那就是我克服了懒惰的毛病。过去，我做事总是磨磨蹭蹭，常常要拖到最后一刻才能完成，为此我没少给自己惹麻烦。但是现在，在我取得的成绩的激励下，我不想错过任何一个机会。

# 第 21 章
# 退休在即

罗纳德·霍尔德

加利福尼亚州，旧金山海湾地区

作为一名博士，并在一个政府支持的全国性实验室做机械工程师长达 25 年之久，我应付通货膨胀的办法很简单，那就是拼命工作。在我看来，这样就能让我获得晋升的机会和高额的报酬。但我没有想到的是，与那些收入中等的简单工作相比，高收入的工作压力更大不说，还更加不稳定。

我以前还有一种看法，那就是，谋得一份管理层级别的工作是实现财务自由的唯一途径。30 岁以前，我觉得政府给我提供的退休金足以维持我下半辈子的生活了。正因如此，除了可恶的 403（b）退休计划[①]外，我没有进行任何投资。自从 2000 年股市崩溃，我和我妻子的共同基金账户已经损失了大约 60%——大约 15 万美元。我是一个不折不扣的雅皮士，每个月的薪水都花得一干二净。

但是，由于这次事件，我的想法变了，我的整个世界也变了。

---

① 403(b) 退休计划是美国非营利机构或学校经常采用的一种退休储蓄计划，与商业机构采用的 401（k）计划类似，是一种有税收优惠的工具，可以享受税收递延。

我不再认为拼死拼活地工作就能过上好日子，更不认为这样能赚很多钱。尽管现在我仍旧是一名工程师，但我已经投资了房地产项目（供多户家庭居住的公寓楼）。对于我、我的妻子和我们十几岁的儿子来说，实现财务自由的道路已经铺展在我们脚下，我们正在追求一种更好的生活方式。我是在芝加哥的犹太人聚居区长大的，这让我更加坚信我选择的道路没有错。有趣的是，在我实现财务自由的过程中，富爸爸的"现金流"游戏也功不可没。

## 一个常做常新的游戏

1999年一个星期六的早上，我和我的儿子（他也叫罗纳德）一起玩"现金流"游戏。那个时候，他只有13岁半。在此之前的一年里，我们都看了《富爸爸穷爸爸》这本书。（它讲了"富人教他们的孩子如何理财，而穷人和中产阶级却从不这样做"，这尤其吸引我。）我们都非常喜欢这本书。当我看到书的封底上关于"现金流"游戏的广告时，就毫不犹豫地订购了一套。

一起做这个游戏的时候，我们都聚精会神，直到最终摆脱了"老鼠赛跑"。我们用了比想象中长得多的时间才完成这个游戏，它给我们带来了全新的体验。有时候，迫不得已的裁员会让我儿子流下眼泪。（其实我也一样难受，只是不想在他面前表现出来而已。）我必须竭尽全力让他——也让我自己振作精神，继续把这个游戏玩下去。最后，经过11个小时的痛苦煎熬，我们终于完成了游戏。尽管我们身心疲惫，但我知道，我们的身上发生了某些可喜的变化。

这个游戏让我克服了面临的最大障碍。过去，尽管我也想进行房地产投资，但我总是害怕向银行借钱，从而让自己陷入债务之中。虽然我一直对那句谚语深信不疑——要赚钱得先有本钱，不过不一定是用你自己的钱——但我没有勇气这么做。我必须改变自己的思维方式，必须接受借钱买房子也未尝不可的观念。观念的转变使我感到轻松很多。我喜欢把这个游戏称为一次"财务刺激或财务训练"。

我很高兴地告诉大家，我们玩游戏的次数越多就越熟练。现在，无论是"现金流"游戏101，还是升级版"现金流"游戏202，我们都只需约一个小时就能完成。

## 我选择了正确的道路

以下就是我转变观念的过程。其实我早就有房产。早在1983年和1984年的时候，我就在加利福尼亚州的斯托克顿市购买了两处独立的、供单户家庭居住的公寓。这两套房子的价格都在3万～5万美元之间，当时我们是用现金支付的首付。因此，由于缺乏现金，我那个时候只能买一幢小房子自己住。

后来，我们决定买一套大一点儿的房子，因此就把我们的旧房子租了出去。但是，无论是我们购买的公寓，还是租出去的房子都没能赚到钱。（不过，由于房子折旧，我们确实享受了税收方面的优惠。）

在读完"富爸爸"系列图书后，我意识到我可以不局限于小打小闹，而是扩大自己房地产投资的规模。单元住房——大买卖——的利润更高。现在，我的思路比以前更加开阔。我已经明白，我可以充分发挥出租房和那两套公寓的作用，让它们产生更大的效益。

如果我们把房子卖掉（不包括我们现在住的那一套），我们就会得到8万美元。

于是，我开始在加利福尼亚州四处寻找合适的投资房产，结果却发现没有一处符合我的要求（它们都不能赢利）。接着，我又开始在内华达州（情况稍好一点儿）和亚利桑那州（更好一点儿）找房子。

最后，我通过因特网找到了一家位于得克萨斯州达拉斯市的大型公寓管理公司。他们在美国中南部——从得克萨斯州到俄克拉荷马州，从衣阿华州到弗吉尼亚州——管理着大约3万套单元住宅，他们还购买并投资公寓楼。

我拨通了他们公司收购部经理的电话，向他咨询房地产的行情：哪里的房子价格合理，而且又有升值潜力。他向我推荐了几个地方：得克萨斯州的大学城布赖恩市，密西西比州的杰克逊市，得克萨斯州的加尔维斯顿市。他还给了我一个大学城房地产代理公司的电话号码，我购买的3处公寓楼都在那个地区。

我们先以42.5万美元的价格购买了一处位于布赖恩市的有37套公寓的房子。尽管这栋房子不像该地区的其他房子那样引人注目——它只有一层，而且也没有阳台为它增色——但是，由于租金相对低廉，因此入住率始终保持稳定。所有的单元住宅都是一居室，面积约为40平方米。

下面就是我们购买这处房产的明细：

---

**购买房产的价格：425000 美元**

**投资房地产需要支付的现金**

| | |
|---|---:|
| 首付： | 85000 美元 |
| 由我们支付的房地产买卖手续费： | 6000 美元 |
| 由我们承担的修理费／翻新费： | 0 美元 |
| 合计： | 91000 美元 |

**每月现金流分析**

| | |
|---|---:|
| 房租收入（325 美元／套 ×37）： | 12025 美元 |
| 房屋空置造成的损失（5%）： | 601.25 美元 |

| 总收入： | 11423.75 美元 |
|---|---|

每月支出：

各种税费（财产）、保险费、各种设施、打扫庭院、垃圾

| 处理费和维修费： | 4335 美元 |
|---|---|
| 管理费（房租的 5%）： | 571 美元 |
| 月供（贷款 25 年，利率 8.375%）： | 2709 美元 |
| 总支出： | 7615 美元 |
| 每月净现金流： | 3808.75 美元 |

**现金的现金回报率**

| 每年现金流（3808.75 美元 ×12）： | 45705 美元 |
|---|---|
| 现金投资金额： | 91000 美元 |
| 现金的现金回报率： | 50.2% |

2003 年，这处房产升值，价格涨到了 66.9 万美元。

现在，我已经克服了以前对借钱的恐惧心理。我购买的所有房产的贷款都是以我的房产做抵押获得的。到现在为止，我买的 3 处房产中的两处都获得了全额贷款。

接下来的一年里，我们又在同一地区购买了另外两处房产，这样，我们拥有的公寓就达到了 113 套。这些房子的总价值是 350 万美元。其中一处马上为我带来了经济效益；另外一处正在筹集资金，很快也能为我们创造收入。

为了了解房产的情况，我每三四个月都要去看一看它们。我每次和房产经理人见面，都要聊一聊我还需要做什么，看看那些暂时

空置的房子，看看我们完成的工作，并就所有相关的问题进行探讨。

## 下一个阶段

通过这些投资，我获得了自信和宝贵的经验。接下来，我打算做一些更振奋人心的事情：我的计划是在我 50 岁生日时把退休金一次性取出来，然后作为首付购买一处更大的公寓楼。（我还有另外一种选择，就是按期领取这笔钱，这样的话我每个月只能拿到很少一点儿钱。）

如果一次性领取退休金，我就能提前退休；而我的大多数同龄人将不得不继续工作，直到 65 岁为止。大多数人会选择这种方式来退休，因为他们需要收入。还有一些人，他们在 401（k）计划和其他为准备退休而进行的投资中损失了钱，因此要想方设法把失去的时间和钱都补回来。由于健康状况下降、公司裁员、提前退休的优惠政策等原因，很多人可能干不到 65 岁就要被迫辞掉工作了。

我看过一些统计数字，这些数字表明退休人员面临着各种困扰。一份来自航空业的研究显示，一般人（航空业的员工）在 65 岁退休后，平均只活了 18 个月就去世了。也就是说，所谓的"终身"养老金从来就没有真正兑现过。更重要的是，如果一个人在退休之前意外死亡，那么，所有的美好愿景——时间、娱乐、旅行、悠闲的生活、看望自己的外孙，等等——都将随之消失。换句话说，即使一个人辛辛苦苦工作了三四十年，也未必能在 65 岁退休。即使在 65 岁退休了，也未必能如愿以偿地获得所有的退休金。我可不希望自己和家人也有这样的遭遇。

同样的研究还表明，那些提前退休的人——比如说，在 50～55 岁之间退休的人——平均寿命是 80～85 岁。这正是我的选择。在退休以后的 35 年（至少 35 年的时间里），我还可以做很多事情！

但是，我还想告诉大家，我和我妻子不会一时心血来潮，把所有的退休金都用于房地产投资。相反，我们有一个计划，我们觉得首先要获得足够的经验，这一点十分重要。因此，在预定的退休年龄到来之前，我们用了3年时间，以自己的房产做抵押来购买房产、进行投资，从而获得必要的投资经验。与此同时，我们并没有辞掉工作，而是一边工作、一边投资。我们既学习如何进行投资分析，又竭力克服这一过程中出现的恐惧和忧虑。

实事求是地说，要放弃原来舒适的生活并不是一件容易的事情。但是，只要能冷静地就每一处房产进行分析，就不会觉得太害怕。知道自己过去所做的决定哪些是明智的、哪些是欠考虑的，也不失为一件好事。我们做的那些大买卖为我们提供了坚实的经济基础，让我们没有后顾之忧，同时，也给了我们信心，让我们可以进行更大规模的投资。我们的投资计划是，每隔一年都通过重新申请住房按揭贷款的方式继续购买房产。

直到现在我依然感到很惊讶，原来贷款购买价值百万美元的房产是如此轻而易举的事。我常常提醒自己，我要做的就是遵守贷方提出的各种规则。尽管如此，我也从来没有想到自己能掌握数额如此巨大的钱。我生长在一个贫困的家庭，从来没有人教我怎么赚钱（除了努力工作之外），更不用说我们自己能有大笔的钱了。那个时候，对我来说教育是获得所有机会的唯一钥匙。然而，尽管我的学位让我在工作上有所建树，我从事的工作为我的投资提供了必要的经济基础，但如果没有富爸爸教给我的财务知识，我就永远不会看到自己眼前就摆着无数的房地产投资机会。

我们下一个主要的投资目标是用我一次性分红的65万美元作为首付，再购买一处公寓楼，或是小型的购物中心。为了实现这个计划，我现在正与一名注册商业房地产投资师进行合作。他来自休斯敦，不过他有资格在其他地区寻找房产，所以我正让他在得克萨斯州和其他地区搜寻房产。不管怎么说,我是要把退休金用在投资上的!

现在,我既有充分的自由,又有必要的知识来考虑其他的选择。这在以前是无法想象的。在学习财务知识的同时,我也学到了很多其他的东西,也就是说,在开始赚钱之前,一定要先学习,一个人取得的成绩取决于他的学习情况(所以要谨慎选择自己的兴趣、休闲活动和爱好)。此外,虽然恐惧心理会影响人们的学习,但知识也能帮助人们克服恐惧。

在我投资的过程中,每一步都得到了我的团队(包括房产管理人、房地产律师、房地产代理人、税务会计师、借贷人和银行等)的帮助。是他们精深的专业知识驱散了我对投资的恐惧。此外,在寻找房地产交易时,我还建议大家要听从大的资产管理公司和注册商业房地产投资师的建议。他们对于任何一个投资者的团队都是极有价值的。

## 成长中的投资者

就在我和我妻子规划自己的退休生活时,我们的儿子也为自己选择了一条新路。以前,他想像我一样做一名工程师,但现在他的想法变了。一方面,他觉得工程师赚的钱不够多;另一方面,在亲眼目睹了我和他妈妈进行房地产投资之后——我们至今还在玩"现金流"游戏——他决定在大学里学习房地产投资专业。他想成为一名注册商业房地产投资师,这样他就有资格做大宗房地产交易,比如说摩天大楼和大型购物中心。和大多数十几岁的孩子不一样,16岁的他已经清楚地知道自己将来想干什么,以及为什么要那么做。对他的这种变化,我们由衷地感到高兴。

对于那些和我年龄相仿的人,我想说的是:从现在就开始投资，用 3 年时间来学习、来犯错、来获得成功。不要等到 65 岁退休的时候才采取行动，到那个时候，你的财务状况已经定型了。现在就开始为获得财务自由而努力吧。如果我 20 岁的时候就知道我现在知道的一切，那么我 30 岁时就可以退休了。不过，也许我的儿子能做到这一点。

# 第22章
# 东山再起

迈克尔·马里钦

加利福尼亚州，弗里蒙特市

2001年9月11日那天，我正在纽约世贸中心的"归零地"①。和很多美国人一样，我亲眼目睹了这个世界如何在顷刻之间分崩离析。我知道，每个人都在不同的时间，以不同的方式面对了这次灾难性的事件。但是，我从来没想到会有一本书——《富爸爸穷爸爸》——能帮我渡过这次难关。经历了那次噩梦般的事件后，我回到家里，是清崎传达的信息给了我帮助，让我从那次事件的阴影中走了出来。我像溺水的人紧紧抓住救命稻草一样，如饥似渴地读着清崎的书，是这本书把我从崩溃的边缘拉了回来。这听上去可能有点不可思议，但它的确是事实。

## 自由自在，尽情享受高薪生活

在"9·11"事件发生之前的两三个月里，我可能是注定要读《富

---

① 纽约人将"9·11"浩劫之后的世贸大厦废墟称为"归零地"(Ground Zero)，并在那里建起了一座小小的纪念馆，希望人们永远记住那悲惨的一刻。

爸爸穷爸爸》的。作为美国索尼公司的总商业规划师，我的工作包括项目开发、战略规划以及创新推广索尼的品牌。为了完成工作，我经常坐飞机在各地奔走。有时候，我会坐着飞机先到日本，然后飞过太平洋去参加一个一小时的会议，然后再飞回家，对我来说，这已经是家常便饭。有一天，我刚参加完一个会议，在纽华克机场候机。于是我买了一份《华尔街日报》，我浏览的一篇文章中提到了《富爸爸穷爸爸》这本书，这引起了我的兴趣。在机场的一个书店里，我刚好看到了这本书，于是就买了一本打算在飞回加利福尼亚的时候看。

  在整个航程中，我都在看这本书，而且一边看书，一边心想"他说得有道理"。在这本书里，清崎写到，在这个过程中，普通人能改变自己的生活，成为富人，并获得自由，而且也无须成为一个理财高手或房地产经纪人。书中传达的信息简单易懂，讲的都是生活中的常识，却很有说服力。可以说，这本书为读者提供了行动计划和实施计划的具体步骤。我立即意识到，虽然我还有很多东西要学，但我的回报是难以估量的——如果我相信自己的话。

  给我印象最深的是罗伯特对恐惧心理的描述。在他看来，恐惧心理就像潮汐，能让你裹足不前。他还写到，为了克服恐惧心理，不让恐惧心理影响你的行动，首先必须树立起自信心。轻信别人的建议无疑是不利于自己发展的。唯一的解决办法就是，相信自己的本能。

  我很快就受到了教训，而且是以我永生难忘的方式。

## 道理显而易见，我却充耳不闻

  现在回想起来，好像冥冥中有什么力量不让我在 2001 年 9 月 11 日之前去纽约，但我当时根本没有注意。在那之前的星期六，我内心深处突然有一种不祥的预感,觉得好像会有什么可怕的事情发生。我很清楚,如果我按照原计划去了纽约,那么我可能真的再也回不来了。不可思议的是,我的女朋友也有同样奇怪的预感。我们两人居然都为我这次乘飞机出行而惴惴不安,这真是不同寻常。我们心里都充满了恐惧,这种事情以前从来没有过。

后来,我得知那次会议被取消了。如果这还不能阻止我的话,那么恶劣的天气也应该阻止我前往纽约。由于天气状况,我的航班被取消了。但是,当时我执意要做一名兢兢业业、尽职尽责的公司管理者——无论如何,纽约总有需要我去处理的事情——于是,我订了另一架航班的机票。结果,这架航班也没能起飞。可是,第三架航班按时起飞了。

当第一驾飞机撞向世贸大厦北楼的时候,我正在南楼的 17 层。在场的每个人都决定尽快离开那里,于是我们开始沿着楼梯下楼。下到一半的时候,我们看到有人返回来。尽管他们一再向我们保证南楼不会有危险,我们还是继续往下走。这是我们的本能。

当我们终于从南楼出来以后,我看到自己的身边站着一个日本人。尽管我的周围人声嘈杂,我还是听到一个声音越来越大。我抬起头,正好看到第二驾飞机撞向了南楼。然后,我又看了看那个日本人,这时我才回过神儿来。我全身上下的每一部分——我的神经、我的本能、我的内脏——都在告诉我赶紧离开这里,越快越好。但是,我的同伴却呆若木鸡、一动不动。尽管我个子并不高,但他比我还矮。我一把拖过他,我们开始狂奔。我们不停地跑,身上裹着爆炸现场的灰尘,一直跑到几千米之外位于第 55 大街和麦迪逊大街交叉口的索尼公司办公楼下。一路上,我们头也不敢回。

## 拥有自信＝改变生活

接下来的那个星期六，我终于设法乘飞机回到了加利福尼亚。直到那个时候，我的大脑还是一片混乱。尽管如此，我还是意识到，我已经准备好要做些重大的改变了。首先，我再也不愿意让自己的下半辈子在飞机上度过了；其次，我相信自己已经到达事业的巅峰了。在我的职业生涯中，我已经实现了自己定下的每一个目标。在现在的这家公司里，我享受着旁人羡慕不已的高额津贴，有豪华轿车和专职司机随时为我服务，有一个不设上限的账户，有六位数的薪水，还有最高级、最先进的各种设施供我使用——可以说，我已经应有尽有了。但是现在，这些东西对我来说已经不重要了。

我问了自己一个重要的问题："我现在应该做什么？"当时，我的脑海中立即浮现出一个答案。我记得在看《富爸爸穷爸爸》这本书时（那好像已经是上辈子的事了），我生平第一次把自己的目标写了下来。但是，我根本没为那些目标做过任何实际的事情。那个时候，我一直以来接受的教育在我的脑海中依然根深蒂固。尽管我对罗伯特的建议非常感兴趣，但是，我还是会有这样的反应："如果……会怎么样？""没错儿，但是，那又怎么样呢？"很多年前，我的祖父因为房地产投资而破产，这件事在我的脑海里总是挥之不去。

但是现在，一切都今非昔比了。我不再是以前的我。我想掌握自己的命运，过自己想过的生活。于是，我又坐了下来，写下我的愿望。我列出了自己在经济方面要实现的目标和个人生活方面的追求。

"9·11"事件让我明白，是时候改变自己的生活了。

## 我所熟悉的生活模式

过去,我对自己的生活从来没有如此清晰的认识,更不用说采取什么行动了。像我这个年龄段的很多人一样——我已经将近50岁了——我深受父母的影响。我的母亲经历过美国历史上的大萧条时期。在我的成长过程中,生活始终充满了恐惧。我出生在缅因州,在得克萨斯州长大,因为我的父亲在空军服役,他奉命驻扎在那里。在我们的生活中,要担惊受怕的事太多了:失业、付不起账单,最糟糕的是——破产。因此,在他们看来,我应该接受良好的教育,任劳任怨地工作,为退休之后的生活存钱。我也确实是这么按部就班地生活的。

后来,我获得了得克萨斯州A&M大学计算机专业的硕士学位,开始全心全意地经营自己的事业。那个时候,我觉得自己和所有的人别无二致:为了不知何年何月才能领到的退休金这根胡萝卜①而拼命工作。也许到65岁的时候我就能停止工作,也许我要一直工作到70岁,有时候我甚至想,也许这一辈子我都不能退休。

当然,我也存钱,这是从父母那里学来的。但是,储蓄并没有给我带来应有的安全感,相反,让我大失所望。1999~2002年,我在股票市场损失了75%;我的共同基金的投资损失了45%。这两项加在一起,我一共损失了70多万美元。更糟糕的是,我的401(k)计划也损失了30%,这再次让我遭受了将近3万美元的损失。这样算起来,我前前后后一共损失了大约75万美元,对我来说,这个打击实在是太大了。

还有更雪上加霜的事情呢。2001年,由于信用卡开支和偿还汽车贷款,我的债务一下子增加到了3万美元。我不得不拆东墙补西

---

① 喻指为期待的行为提供的奖赏。

墙。尽管收入不菲，我还是濒临破产的境地。

## 迎接新的生活

"9·11"事件发生后，索尼公司开始大规模削减项目、裁员。我决定借着这个机会辞职。我的一些朋友和我的家人认为我疯了。但我觉得我的选择是正确的。这样，我一次性地领到了一大笔退职补偿金。这笔钱让我能够从容不迫地告别旧的生活方式，开始新的生活。经过深思熟虑，我决定实施最近才制订的新的生活计划。这份新计划是以我为中心的，而不是我的工作。现在，我无论是在身体上、精神上还是思维方式上都像变了一个人，已经完全告别过去的我了。

2001年10月，我开始在一家小型的软件公司工作。在那里，我的工作仍然是战略规划。尽管这里的薪水比以前低15%，但我还是毫不犹豫地接受了：一方面是因为我获得了一笔数额不菲的退职补偿金，另一方面，我已经开始寻找房地产投资机会了。此外，与以前在索尼的工作相比，这份工作的压力也小了很多。更让我高兴的是，在这家公司我不用出差。

2001年10月~11月，我做了一些以前从来没做过的事情。我为自己申请了一张额度最高的信用卡，还读了清崎的其他书，并和一些志同道合的朋友一块儿玩起了"现金流"游戏。

此外，我还通过因特网寻找得克萨斯州的房产。我比较倾向于圣安东尼奥这个地方，因为我的嫂子住在那里，她答应帮我管理我买下的房产。

2001年12月，我选中了两处联式房屋。2002年1月，我把它们都买了下来。我的生活翻开了新的一页。

生活发生了奇妙的变化。让我惊喜的是，恐惧心理不再是我的敌人，反而变成了我的盟友。过去，在个人理财方面，我总是感到很恐惧，没有信心去分析自己的财务状况，并采取相应的行动。而现在，恐惧心理"帮助"我不断前进，因为我已经意识到，我能改变自己的"钱途"。无论什么时候，只要我感到恐惧，我就会重温从罗伯特那里学到的基本概念。我经常花时间分析我的进展与目标之间的差距。通过这种方式，我确信自己有能力作出正确的决定，实施自己的计划。

在我过去的生活中，恐惧心理一直是我前进道路上的绊脚石。现在，尽管这种心理并没有完全消失——我觉得也不可能完全消失——它已经转化为一种动力，帮助我不断前进。

## 我的游戏过程

首先，为了分析并确定自己的短期（一年、两年、三年计划）和长期（五年、十年计划）目标，我全面回顾了自己过去的生活方式。在此之前，我只作过一次粗略的评估，而且还漏掉了一个关键因素，我觉得这是新手上路时的通病。这个关键因素就是，如果我决定用别人的钱来投资，那么我不仅要考虑到连本带息地偿还抵押贷款，还要考虑到连本带息地偿还其他费用（比如首付）。

比如说，如果我用别人的钱来支付首付、偿还贷款，就意味着购买房产的时候无须动用自己的现金。因此，在计算资产收益的时候，必须把这一点也考虑进去。我希望自己购买的每一处房产都能赢利，不仅可以支付房产本身的费用，还能为我创造收入。我不希望出现任何意外的，或是遗漏和隐藏的费用——事实上，我绝对赞成用别人的钱来进行投资。

此外，我还意识到，我的收入应该与各项花销同步增长。在"正常"的退休过程中，各种花销总是不断增加——通货膨胀、医疗费用越来越高，等等。从那种"老鼠赛跑"的生活方式中退休也是一样。因此，我无法准确判断房产投资的收入情况究竟如何。即使一处房产能够收支持平，但如果它不能支付我投资之外的其他花销，那我还是得继续工作。也就是说，我必须同时干两份工作，一直这样干下去；或者，直到我发觉哪儿出了问题；或者，直到我觉得难以容忍而放弃房地产投资。据我估算，如果我每个月的正常开销是5000美元（基本的住房按揭贷款、保险费、有线电视费、电话费、书报费、食物、外出就餐、汽车费用等），那么，我的房地产收入必须不少于这一切。

因此，我设计了一个房地产投资的计算方式，其中60%是在我寻找、评估房产的前3个月里完成的；另外40%则是我在第一次购买两处房产的过程中不断加以补充和完善的。我发现，很多人都是用传统的方式（也就是说，从自己居住的角度计算投资成本）来计算房地产的各项费用的。事实上，这与进行房地产投资产生的成本完全是两码事儿。因此，在我设计的计算方式中，包括了和房产相关的各种花销，比如律师费和旅行费。为了让我的计算更加精确，我是从月度、年度乃至10年之内的费用情况综合进行考虑的。

在我的计算方式中，房产涉及的费用包括保险费、各种税费、房屋担保费、为长期出租而进行的各种前期准备工作所需的费用、房产管理费（每个月的管理费、每个房客的管理费以及续签租赁合约涉及的管理费）、广告费、庭院的维护费、电费、水费、垃圾处理费、房主联合会会费、每年两次视察房屋情况的旅行费用，以及律师费。除此之外，我还要考虑10年期的花费，比如更换天花板、更换室内各种设施、室外的粉刷，以及在拥有房产期间可能出现的其他费用（这取决于我的投资策略，也就是说，我打算什么时候把房子卖掉）。我认为，对投资领域的新手来说，不把所有的费用充分考虑进去是第一个错误，这会严重影响他们房地产投资的收益。

当然，我使用的计算方式是把最坏的情况也考虑在内的。因为，在我看来人们的投资很少有一帆风顺、事事如意，对于刚刚涉足投资领域的人更是如此。既然我已经做了最坏的打算，那么，即使我的房产空置率很高，即使购买房产的初期成本要比设想的高（比如说，购买房产之后需要进行前期的维修工作），等等，也能保证我在投资中获得 99.99% 的成功率。这种精确的计算方式既能保证一定的灵活性，又能保证房产获得收益。

这种方式还有助于消除投资过程中的不理性因素，尤其是对还处于学习阶段的投资新手来说。在我实地考察一处房产之前，会先用我的方式进行计算，以确定它是否符合我的各项条件。我放弃了很多房产，因为他们都不符合我制定的赢利目标。

在购买前 4 处房产的时候，我是先看房子，然后才开价的。在购买接下来的另外两处房产时，我是先拿到售房合同，然后才去看房子的。不过，之前我还是请住在当地的一个朋友去粗略地看了一下，以便了解房子的位置和现状究竟如何。在最近一次购买房产的时候，我根本没有去看，只是请朋友代我看了一下，其余的资料就是房主提供的一张房子的照片。我个人认为，距离能减少或者消除很多不必要的麻烦。比如说，不会有房地产代理人或经纪人催着你现场就签合同，也不会因为对房子的印象因素而影响自己的判断。

（距离逼着你先进行一番精确的计算。记住，在售房合同中，都有一条关于买方可以终止合同的条款。终止合同的情况包括：因为对房子具体情况的调查，因为贷款条件，或者仅仅是因为买方改变了主意，这种情况下只要象征性地向房主支付一点儿费用就可以了，比如说，价值 15 万美元的房产需要支付 50 美元的赔偿费。）

除此之外，利用这种计算方式，我就可以在适当的时候对房地产代理人或经纪人说"不"，从而拒绝他们的强行推销。投资新手可能会经常遇到这种情况。

我用两种方法来确定自己的房产收益。首先是我自己建立的一份专门的电子数据表，这份表格里包括了房地产交易中所有的支出；其次是一份随时更新的记录，通过这份记录，我可以确定自己的一些想法是否可行。（使用这份记录的主要目的是客观地判断我个人的分析是否正确，这有点像制约与平衡机制。）

购买第一处房产的时候，我先后与7个贷方进行洽谈（包括网上的抵押贷款经纪人），从而进行比较。在贷款的时候，由哪方支付交易手续费也是我要考虑的因素之一。当然，在我的计算方式里也包括一份清单，这样我可以比较基本利率、交易手续费和贷款结构等方面的因素。在我购买几处房产的过程中，成交之前通过协商，在房子最终易主之前，有5处房产都是由原房主进行维修的。还有两处则是按照原样儿买下的，每一处需要大约3000美元的维修费。这些费用虽然由我来支付，但由于它们是包括在抵押贷款之内，所以在成交的时候，我无须支付任何额外的费用。

我的计算方式最大的好处就是，我可以在几分钟内就对一处房产作出决定，到底是买还是不买。这一点对我来说很重要，因为我想成为一个坚决果断的人，而且希望在尽可能短的时间里买下对我来说有利可图的房产。

要想了解一处房产的详细情况，只需打一个电话即可。现在，我在一天之内足不出户就可以对15～20处房产进行评估，无论这些房子在世界上的哪个地方。如果是一宗利润丰厚的买卖，这一点就显得尤为重要。我曾经在一处房产公布之后30分钟内就向对方报价。有两次我都成功地买下了我看中的房子，现在，这两套房子都在为我创造利润。

我一直使用一个问题清单的模板，这样，在我第一次和对方通话的时候，我就能确定要问的一些问题。这份清单包括以下内容：房子的面积大小，布局如何（书房、独立的洗衣间、附属或独立的车库），附属或独立的卫生间的数量，家庭活动室，客厅，独立的餐厅，厨房的风格，独立的休息室，房顶的年限（使用了多少年），地基情况如何，建筑结构（框架、砖石等），空调状况及其类型，暖气状况及其类型，各种设施是否齐全，以及房子里是否有壁炉。

此外，这份清单还包括：房子是否接近学校，购物是否方便，公共交通是否便利，距离主要交通干道有多远，房子周围是否有空地，等等。

除了上述内容，我列出的清单还包括：该房产最后一次的交易日期（在有些州，无法得知房产以前的交易信息），上一次的购买价格，之前的估价，每一处房产包括几套公寓，平均入住率如何，现在是否全租出去了，房租的账单，以及续约的日期。听上去好像有很多项目，但事实上，在多功能表格的帮助下，外加从因特网上获得的地方税务局的公开记录，只需15分钟，我就能看完表格上所有的内容。

此外，我还列出了一个清单，注明在交易中应该做哪些事情（如果必要的话，还会列出处理这些事情的先后顺序）。我会大概确定由谁来做什么事情，这样，我的整个购买过程就能进行得有条不紊，不会因为忙乱而遗漏任何环节。无论是我直接和房主进行交涉，还是通过房地产经纪人或代理人进行交涉，这种方法都帮了我很大的忙。根据我的经验，那些通过房地产经纪人或代理人进行的交易，反而最容易出现丢三落四的现象，因为买方通常以为代理人会全权负责所有的手续。我发现这其实是一个误解，这也是我列出这样一份清单的原因。通过这份清单，我很容易就能知道哪些事情已经处理了，哪些事情还没有做。这样，最后的成交就水到渠成了。在与房主交涉的过程中，这份清单也很有用，因为许多房地产经纪人并不像他们表面上看起来那么有经验。在谈判的过程中，作为买方，我会提出一些对自己有利的建议。（当然，其结果是减少了代理人的佣金。)

最后，在我的计算方式中，还包括房主要做的一些事情（比如证明买方有资格申请贷款），以及其他一些项目（比如现金的现金回报率、每年的折旧率，等等）。

顺便说一下，我看到很多人因为投资没有进展，就急得有些"饥不择食"，其实大可不必这样。在购买每一处房产之前，我都要看30～40处房产。我知道，刚开始的时候确实容易感到沮丧，由于恐慌而匆忙作出决定，而不是基于分析和评估来作决定。"我为什么找不到好房产呢？""为什么我到现在还一无所获？"这是我经常听到的抱怨。花费时间和耐心寻找和评估房产，是房产交易中不可缺少的环节。

我还要提一点，那就是我本人不是职业的房地产经纪人或代理人，过去不是，现在也不是。我的专业背景是高科技，而且在校读书时，我的数学成绩就一塌糊涂。所以，如果我能做到这一切，任何一个对房地产投资有兴趣、有耐心的人也一定能做到。

## 我目前拥有的房产

到目前为止，我购买的所有房产，价钱从11.5万～18万美元不等。通过和房主坚持不懈地讨价还价，我所有的购买价格都低于房主最初的报价，这还包括房子易主之前由房主支付的维修费（比如，更换新的热水器和修理天花板）。在我购买的7处房子里，有5处在成交后都是有产权的，我用这笔钱支付了相关的费用或者购买其他资产。

根据我的买卖房产的计算方式和抵押贷款的结构，供两家居住的联式房屋中的一套（或者供几家居住的联式房屋中的两套）就足以支付抵押贷款、保险费、房产担保等各种税费。其中，供两家居住的联式房屋每个月的费用预算大约是 100 美元，供四户家庭居住的联式房屋每个月的费用预算大约是 200 美元。

现在，我的嫂子仍然在帮我管理位于圣安东尼奥的房产，一个住在加利福尼亚州弗雷斯诺市的朋友在帮我管理那里的房产。我已经和他们达成一致意见：他们通过帮我管理房产来学习房产投资和管理，而我则灵活地支付他们一定的报酬。这样，他们都有薪水可拿，不过要低于职业房产管理人的薪水，因为他们毕竟还是初学者。随着知识和经验的增长，他们的报酬也会相应提高。我有一个打算：一旦他们具备了过硬的基础知识，在以后的房地产交易中，我就让他们做我的合伙人。事实上，我现在有能力和他们"分享财富"，不仅仅是经济方面的，也包括职业方面的，因为他们也已经开始了新的事业。

尽管如此，为了以防万一，在我的预算中还是会考虑房产管理人的费用，这样，无论是在近期还是以后，我都可以随时获得他们的帮助。由于现在我的房产规模都是每处 2～4 个单元，因此，每找到一个新的房客或签订一个新的租约，我会付给房产管理人半个月的房租，另外每月还会给他们房租的 10% 作为酬劳（假设每个单元每年至少有一个新房客）。商用房地产（如一幢含 55 个单元的综合建筑）的管理费，往往取决于不同的收费率和租期。我打算采用一种激励机制，鼓励房产管理人留住那些好相处的房客，尽可能减少双方的纠纷，并保证入住之后无须立即维修。

现在，我一共拥有 7 处供多户家庭居住的房产。从我购买成功的第一天起，它们就开始为我创造收入。不但如此，这些房子还有升值的潜力。下面就是 2002 年 1 月～2002 年 10 月的 9 个月内，我购买的 6 处房产的收入情况。每一处房产上面标注的时间是购买该房产的时间。

| 时间 | 2002年1月 | 2002年1月 | 2002年3月 | 2002年3月 | 2002年9月 | 2002年10月 |
|---|---|---|---|---|---|---|
| 房屋 | 联式房屋1 | 联式房屋2 | 联式房屋3 | 联式房屋4 | 联式房屋5 | 联式房屋6 |
| 收入 | 15440美元 | 14465美元 | 11200美元 | 12800美元 | 3545美元 | 2000美元 |
| 收入总计 | | | | | | 59450美元 |
| 支出总计 | | | | | | 17595.12美元 |
| 净收入 | | | | | | 41854.88美元 |

收入是别人付给我的钱，也就是说，我从房客那里收到的房租。

支出是我付给别人的钱，包括住房按揭贷款、各种税费、保险费、维修费和其他费用。

以下就是我购买的一处联式房屋的收支明细：

**购买房产的价格：162000美元**

**投资房地产需要支付的现金**

    首付：    25000美元

    由我们支付的房地产买卖手续费：    2100美元

    由我们承担的修理费／翻新费：    1500美元

    合计：    28600美元

**每月现金流分析**

    房租收入（联式房屋中的两套房子）：    2000美元

    （到现在为止，这套房产的入住率始终是100%；通常情况下，我会把5%的房屋空置损失也计算在内，但是不包括这套房产。）

    每月支出：

    各种税费（财产）：    304美元

保险费： 54美元

修理和维护费： 0美元

储备金： 175美元

（和管理费的计算方法类似，在我看来，每年都要对房子进行一些小的维修，每10年要进行大的维修。在过去的7个月里，这套房子的维修费用为零。不过，根据预算，这套联式房屋中两套房子的月平均维修费为175美元，这笔钱已经存入了一个能产生利息的银行账户。这笔开销包括房主联合会会费，前期的维护工作，如粉刷、打扫卫生，等等。）

管理费： 141.67美元

[就这套房子而言，管理费是总房租的5%，即每个月100美元，外加第一个月房租的25%，这笔钱用于前期的维修工作/新租约的执行（每年500美元，这取决于新租约的情况）。我认为，每套房子每年至少会有一个租约，这是最坏的情况。因此，每个月的平均管理费应该为：（1200美元+500美元）÷12=141.67美元。我会把其余的钱都存进银行获取利息，直到需要时再取出来。]

月供（5年期的可调整利率抵押贷款，30年中利息平均为4.598%）： 535.97美元

总支出： 1210.64美元

每月净现金流： 789.36美元

## 现金的现金回报率

每年现金流（789.36美元×12）： 9472.32美元

现金投资金额： 28600美元

现金的现金回报率： 33%

2003年，这套房子升值，价格涨到了16.9万美元。

在这里，我要提醒大家一件事情：在购买房产之前，根据卖方和其他渠道获得的信息预测出来的房租收入，与实际的房租收入永远有出入。有些费用往往要高于预算，比如税费和房客入住之前的各种维修费。其他费用则可能低一些，比如每个月的维修费。

## 一年的投资经历

从2001年9月开始，由于进行了房地产投资，我的净收入翻了一番，这几乎还弥补了我在股票市场损失的75万美元。就股市的投资而言，我也学到了新的一课，就是要积极分析股票的行情，作出自己的判断。这是我告别过去的一个起点，因为过去我只是一味地听从股票经纪人的建议。由于运用了新的购买和管理股票的方法，从2001年9月开始，我的股价上涨了20%。我现在不仅依靠自己，而且也对自己的决定充满了信心。为此，我要感谢"现金流"游戏，是它改变了我的思维方式、开阔了我的眼界。从这个游戏中，我获得了类似于真实生活的经历，与此同时，我把游戏中得来的经验又运用于现实生活。这样，在交易的过程中，我就能看得更清楚，就能制订更加周密的计划——这对我当然是大有裨益的。

在开始购买房产之后的6个月之内，我就偿还了信用卡上3万美元的债务。现在，我的净收入已经快达到以前的3倍了。

从明年开始，我打算从小规模投资过渡到大规模投资，既做房地产又做生意，每宗交易的资本收益至少要达到100万美元。我会找两三个可靠的合作伙伴来共同投资，而资金来源就是我过去投资赚来的钱。之前的那些投资为以后的计划打下了坚实的基础。这样的投资我打算做3～5年。这个目标实现之后，我就会进入"快车道"。下面就是我为自己制订的目标：

- 到 2003 年 3 月，净资产超过 80 万美元。
- 到 2004 年 3 月，净资产超过 200 万美元。到那个时候，我就会辞掉现在的工作。
- 到 2006 年 3 月，净资产超过 500 万美元——这是最保守的估算。

## 第一步往往是最难的

在对金钱的认识方面，富爸爸传授的理念和我父母教给我的截然相反。因此，在我学习的过程中，如何正确使用他人的钱是最困难的部分。但是，这一点又是很容易克服的，因为富爸爸使用的语言浅显易懂，传授的方法也是我最需要的。为了更好地进行投资，我邀请了一个智囊团来帮助我，为我提供各种信息，我依据这些信息作出判断、采取行动。每个人都是裁判，他们都了解我的投资目标。

我还总结出了自己成功的公式：成功＝一部分知识（从学校里学到的知识）＋一部分信息（从别人那里学到的经验）＋风险（在得与失之间进行权衡）。这也包括没抓住机会造成的损失，也就是说，没有冒风险而导致的损失。我相信，在这个关于成功的公式中，风险是可以控制的，无论是在经济方面、个人方面，还是其他任何方面。

这些风险给了我很大的动力，我决定继续采取行动。我的成就越大，信心就越足。在很多事情上，我没想过自己会如此自信。在结束第一宗房地产交易之后，我心里别提有多得意了。

从那以后，我不断建立自己的信心，在一个完全不相干的领域获得了巨大的成功。和我的很多同龄人一样，多年以来，我的体重直线上升。因为我大部分时间都是坐在飞机上，而且又很少运动，还要没完没了的应酬。最后的结果就是，我的体重超重 27 千克，医生警告我有中风的危险。

我利用我刚找到的自信为自己制订切实可行的减肥计划并付诸实施。现在，我可以自豪地说，在实施减肥计划 12 个月以后，我的体重成功地减轻了 27 千克。这简直太酷了：罗伯特的理念不但改变了我的想法——还改变了我的体形！

## 未来在召唤我

我经常想，我是怎么在一年内就彻底改变了生活呢？

2001 年 9 月 10 日的时候，我还在为自己的超重和经济状况急转直下烦恼不已。我觉得自己已经被一副"金手铐"——看似前程似锦的事业牢牢地铐住了，永远无法解脱出来。

2001 年 9 月 11 日，在那次灾难性事件中我幸免于难，从而找到了解脱的办法。

现在，我觉得自己已经彻底摆脱了那次灾难的阴影，抵达了一座宏伟的峰巅。这里空气非常清新，站在这里，我可以看到数千米之外的地方，无数的机会在四面八方向我招手。

这些机会同样在等着你。去寻找属于自己的机会吧！

现在就开始行动！

# 提高财商的三个方法

## 方法一:阅读"富爸爸"系列书籍

**财富观念篇**
《富爸爸穷爸爸》
《富爸爸为什么富人越来越富》(《富爸爸穷爸爸》研究生版)
《富爸爸财务自由之路》
《富爸爸提高你的财商》
《富爸爸女人一定要有钱》
《富爸爸杠杆致富》
《富爸爸我和埃米的富足之路》
《富爸爸那些比钱更重要的事》
《富爸爸为什么富人越来越富》
《富爸爸第二次致富机会》

**财富实践篇**
《富爸爸投资指南》
《富爸爸房地产投资指南》
《富爸爸致富需要做的6件事》
《富爸爸穷爸爸实践篇》
《富爸爸商学院》
《富爸爸销售狗》
《富爸爸成功创业的10堂必修课》
《富爸爸给你的钱找一份工作》
《富爸爸股票投资从入门到精通》
《富爸爸为什么A等生为C等生工作》
《富爸爸8条军规》

**财富趋势篇**
《富爸爸21世纪的生意》
《富爸爸财富大趋势》
《富爸爸富人的阴谋》
《富爸爸不公平的优势》

**财富亲子篇**
《富爸爸穷爸爸(少儿财商启蒙书)》(适合3~6岁)
《富爸爸穷爸爸(青少版)》(适合11岁以上)
《富爸爸巴比伦最富有的人》(适合11岁以上)
《富爸爸发现你孩子的财富基因》
《富爸爸别让你的孩子长大为钱所困》

| 财富企业篇 | 《富爸爸如何创办自己的公司》 |
| --- | --- |
| | 《富爸爸如何经营自己的公司》 |
| | 《富爸爸胜利之师》 |
| | 《富爸爸社会企业家》 |

## 方法二：玩《富爸爸现金流》游戏

《富爸爸现金流》游戏浓缩了《富爸爸穷爸爸》一书的作者——罗伯特·清崎三十多年的商界经验，让我们在游戏中模仿和体验现实生活的同时，告诉游戏者应如何识别和把握投资理财机会；通过不断的游戏和训练及学习游戏中所蕴含的富人的投资思维，来提高游戏者的财务智商。

扫码购买《富爸爸现金流》游戏

## 方法三：关注读书人俱乐部微信公众号，在读书人移动财商学院学习财商知识

北京读书人俱乐部微信公众号由北京读书人文化艺术有限公司运营，为富爸爸读者提供既符合富爸爸理念又根据中国实际情况加以完善的财商相关课程，帮助读者系统地学习和掌握富爸爸财商的原理、方法和实操技巧，助力富爸爸读者的财务自由之路。

readers-club

扫码关注读书人俱乐部

开始学习

图书在版编目（CIP）数据

富爸爸穷爸爸实践篇/（美）罗伯特·清崎,（美）莎伦·莱希特著；萧明译. — 成都：四川人民出版社，2017.8（2021.12重印）
　ISBN 978-7-220-10300-1

Ⅰ.①富… Ⅱ.①罗… ②莎… ③萧… Ⅲ.①私人投资–通俗读物 Ⅳ.① F830.59-49

中国版本图书馆 CIP 数据核字（2017）第 192580 号

Rich Dad's Success Stories
Copyright © 2003 by Robert T. Kiyosaki
This edition published by arrangement with Rich Dad Operating Company, LLC.
版权合同登记号：图进 21-2017-495

FUBABAQIONGBABASHIJIANPIAN
## 富爸爸穷爸爸实践篇

〔美〕罗伯特·清崎　〔美〕莎伦·莱希特　著　萧明　译

| | |
|---|---|
| 责任编辑 | 王其进 |
| 特约编辑 | 张　芹 |
| 封面设计 | 朱　红 |
| 版式设计 | 乐阅文化 |
| 责任印制 | 聂　敏 |

| | |
|---|---|
| 出版发行 | 四川人民出版社　（成都市槐树街2号） |
| 网　　址 | http://www.scpph.com |
| E-mail | scrmcbs@sina.com |
| 新浪微博 | @ 四川人民出版社 |
| 微信公众号 | 四川人民出版社 |
| 发行部业务电话 | （028）86259624　86259453 |
| 防盗版举报电话 | （028）86259624 |
| 照　　排 | 北京乐阅文化有限责任公司 |
| 印　　刷 | 三河市中晟雅豪印务有限公司 |
| 成品尺寸 | 168mm×234mm　1/16 |
| 印　　张 | 18 |
| 字　　数 | 215 千 |
| 版　　次 | 2020 年 4 月第 2 版 |
| 印　　次 | 2021 年 12 月第 5 次印刷 |
| 书　　号 | ISBN 978-7-220-10300-1-01 |
| 定　　价 | 78.00 元 |

■版权所有·侵权必究
本书若出现印装质量问题，请与我社发行部联系调换
电话：（028）86259453